AF267049

NOTICE BIOGRAPHIQUE

SUR

LOUIS-ÉZÉCHIAS POUCHET

NOTICE BIOGRAPHIQUE

SUR

Louis-Ezéchias POUCHET

NÉGOCIANT A ROUEN

MEMBRE DE LA SOCIÉTÉ D'ÉMULATION DE ROUEN,
CORRESPONDANT DE L'ATHÉNÉE DES ARTS DE PARIS,
MEMBRE DU BUREAU CONSULTATIF DES ARTS ET MÉTIERS PRÈS LE MINISTRE
DE L'INTÉRIEUR, ET DE LA COMMISSION DES POIDS ET MESURES DU DÉPARTEMENT
DE LA SEINE-INFÉRIEURE,
CORRESPONDANT DE CELLE DES POIDS ET MESURES ET DES MINES
DU GOUVERNEMENT,
MEMBRE DU CONSEIL MUNICIPAL ET DU JURY D'INSTRUCTION PUBLIQUE
DE ROUEN,

Par Félix-Archimède POUCHET

Correspondant de l'Institut (Académie des Sciences).

> La France lui doit l'introduction et le perfec-
> tionnement des principales mécaniques à filer
> le coton ; Rouen l'un des éléments de sa
> prospérité.
> Ce fut aussi lui qui introduisit le travail dans
> les maisons de détention.

ROUEN
IMPRIMERIE CH.-F. LAPIERRE ET Ce
RUE SAINT-ÉTIENNE-DES-TONNELIERS, 1

1866

SIMPLE EXPLICATION

On m'a parfois reproché de n'avoir point écrit la biographie de mon respectable et savant père.

Si je n'ai pas cru devoir le faire, c'est que d'autres se sont chargés de ce soin avec une véritable impartialité. L'histoire de Louis-Ezéchias Pouchet se trouve inscrite, avec détail, dans les éloges historiques de diverses académies, ainsi que dans toutes les biographies modernes ; et il y règne une complète unanimité à l'égard des faits qu'on lui attribue, et que le devoir de sa famille lui prescrit aujourd'hui de revendiquer (1).

Dans notre ville, à la prospérité de laquelle il a tant contribué en donnant l'élan à sa principale industrie, ses travaux et sa mémoire n'ont pas été oubliés par tout le monde.

(1) On peut consulter à cet égard : LECARPENTIER, *Notice nécrologique sur L.-E. Pouchet*, Athénée de Paris, 1807. — GERVAIS, *Notice biographique sur L.-E. Pouchet*, lue à la Société d'Emulation, 1808. — GUILBERT, *Mémoires biographiques*, 1812, t. II, p. 270. — MICHAUD, *Biographie universelle*, Paris, 1823, t XXXV, p 538. — M. QUÉRARD, *France littéraire ou Dictionnaire bibliographique*, Paris, 1835, t XVII. p. 300. — E. FRÈRE, *Manuel du Bibliographe normand*, Rouen, 1860, t. II, p 408. — T. LEBRETON, *Biographie normande*, Rouen, 1861, t. III, p 264.—D* HOEFER. *Nouvelle Biographie générale*, Paris, 1862, t. XL, p. 910.

La presse locale a même souvent demandé que le nom d'un homme qui rendit de si éminents services que L.-E. Pouchet, fût consacré à la reconnaissance publique; et je dois en remercier ici ses plus éloquents interprètes.

Pour moi, je ne demande absolument rien à une époque où les hommes les plus considérables meurent si souvent oubliés ou inconnus. Et si jamais même, pour satisfaire l'opinion, on devait affecter le nom de mon honorable famille à quelqu'une de nos ignobles rues de débauche, comme on le fit pour l'un de nos grands peintres, je prierais qu'on l'effaçât, comme, par pudeur, je voudrais en voir effacer le sien (1).

(1) PIÈCES JUSTIFICATIVES. — « L'Angleterre a élevé des statues en bronze à ses poëtes; mais elle en a voté une d'argent à J. Watt, le savant mécanicien qui l'a dotée de la machine à vapeur ; elle a fait plus encore, elle a voulu que ses restes reposent à côté de ceux de ses rois ! et, en ce moment même, elle élève une statue colossale à l'immortel Newton. Elevons donc à Rouen une simple colonne, pour y buriner les noms de nos bienfaiteurs ! Auber et Pouchet y prendront une des premières places. »   *Mémorial de Rouen,* 22 septembre 1837.

« Que d'industriels ignorent ou ont oublié le nom de celui qui fut le point de départ de leurs travaux et de leurs fortunes. Rouen a élevé des statues à des hommes célèbres, Corneille, Boïeldieu. Est-ce une raison pour laisser dans l'oubli la mémoire des citoyens utiles ? On a donné à une rue le nom de Louis-Auber, le créateur d'établissements considérables ; pourquoi l'administration municipale n'attribuerait-elle pas à une autre le nom d'un des fondateurs de la filature de coton mécanique ? La réputation acquise par le fils dans le monde scientifique ne contredirait certes pas la notoriété acquise par le père, et, à ce double titre, le nom de Pouchet inscrit sur une de nos rues serait une délicate quoique modeste façon de perpétuer un souvenir des plus honorables pour notre cité. »   *Nouvelliste de Rouen,* 14 décembre 1862.

« ... Il y eut encore à Rouen, au commencement de ce siècle, un homme dont les travaux et la mémoire ne sont pas, selon nous, suffisamment connus : nous voulons parler de M. L.-E Pouchet, qui, le premier, importa chez nous (avant Richard et Lenoir, notez bien !) les machines à filer le coton. Nous trouvons dans la collection du *Journal de Rouen,* en mai 1789, le compte rendu d'une brochure de M. L.-E. Pouchet

Dans cet écrit, le nom de L.-E. Pouchet va se trouver fréquemment allié à ceux de MM. François Richard et Guillaume Lenoir. Cependant, les pacifiques conquêtes de ces trois industriels s'étendent sur des sujets absolument différents ; la renommée des derniers ne doit nullement absorber celle de l'autre. Richard et Lenoir ont surtout servi le pays comme grands manufacturiers, L.-E. Pouchet comme essentiellement novateur : les premiers récoltèrent de riches moissons sur le sol péniblement défriché par l'autre...

Chacun a eu son labeur et ses récompenses : aux uns une fortune éphémère, à l'autre une plus solide gloire. Tous ont bien mérité du pays.

Je n'aurais pas rompu le silence, que depuis si longtemps je m'étais imposé, si l'on n'avait pas poussé l'oubli jusqu'à attribuer à François Richard quelques-unes des œuvres de mon père. Dans cette occurrence, ma réserve eût été doublement coupable, car je manquais au respect des traditions de famille, et aux personnes bienveillantes qui, si souvent, ont revendiqué les titres de L.-E. Pouchet. Cependant, je n'ai voulu parler que le lendemain du jour où le grand manufacturier recevait un hommage mérité. Avant, j'aurais craint de paraître vouloir attiédir de légitimes sympathies...

Maintenant, l'heure a sonné.

Quelques personnes ont pensé, et je l'ai entendu dire, que l'hommage officiel rendu récemment à François Richard, était peut-être plutôt un acte politique qu'un souvenir accordé au grand industriel.

sur les machines à filer. Ce fut lui aussi qui introduisit le travail dans les prisons ; or, le filage mécanique du coton fut justement un des premiers travaux confiés aux détenus, et ces essais eurent lieu dans les prisons de Rouen.

« Nous voudrions donc voir donner à trois de nos rues les noms de ces trois hommes trop peu connus même parmi nous. »

Journal de Rouen, 9 septembre 1864.

Je n'admets nullement cette supposition , et je trouve que tout ce que l'on a fait pour ce grand manufacturier est parfaitement mérité. Nous ne rendons jamais assez d'honneurs aux hommes utiles. L'Angleterre , mieux inspirée, ne coule l'effigie de ses guerriers qu'avec le bronze avare ; mais elle puise à pleines mains dans ses trésors, pour ciseler des statues d'argent aux héros de l'industrie, qui fait vivre le pays !

Je vais plus loin , je demande deux monuments et deux statues, car là, il y a deux personnes, François Richard et Guillaume Lenoir. Jamais jusqu'à présent on n'a vu la statuaire personnifier une raison de commerce sous les traits d'un seul homme ! D'autres en ont fait la remarque avant moi ; et il me semble qu'en se passionnant pour l'homme bouillant sous lequel s'est écroulée la grande fortune, on a oublié celui qui , par son intelligence calme, a tant contribué à l'amasser (1)!

Lorsque je m'associe à la glorification de François Richard, on ne peut suspecter mes sentiments, moi qui appartiens à une grande famille d'industriels ; et lorsque je serai forcé de ravir quelques fleurons inutilement attachés à sa couronne, on ne pourra pas non plus m'accuser d'ingratitude envers le gouvernement qui la lui consacre.

Je jouis absolument de mon libre arbitre ; n'ayant été honoré d'aucunes de ses faveurs , je n'ai aucune concession à faire à mes opinions. Cependant, s'il en était autrement, j'agirais encore de même , étant persuadé que sur le trône de France, la vérité est toujours bien accueillie , quand elle en franchit les degrés.

La décoration que j'ai l'honneur de porter, me fut donnée *à une époque exceptionnelle*, il y a vingt-trois ans.

(1) Pièces justificatives. — Voir le *Mémorial d'Amiens* du 27 août 1865 et le *Journal de Rouen* du 28 août 1865.

J'avais été l'objet d'un regrettable passe-droit. Peu de jours après, M. le préfet Dupont-Delporte se présentait chez le ministre de l'instruction publique, M. Villemain, et en obtenait *immédiatement* justice.

Je n'avais nullement alors produit les travaux qui, depuis, m'ont conquis quelque célébrité. Cependant, je crus pouvoir dignement porter les insignes de l'ordre impérial, après que du fond de l'exil un Bonaparte, deux fois prince, et par la naissance et par le génie, m'eut écrit ces lignes : « Plût au « ciel que l'étoile de la Légion-d'Honneur ne resplendît que « sur des poitrines qui, comme la vôtre, l'honorent autant « qu'elles en sont honorées ; l'ombre du grand homme ne « tressaillirait pas si souvent, et saurait bien y faire repla- « cer son image ! (1) »

(1) Je fus décoré le 23 février 1843. L'illustre savant, Charles Bonaparte, qui me faisait l'honneur de me compter parmi ses amis, fait ici allusion aux drapeaux tricolores, qui, à cette époque, remplaçaient l'effigie de Napoléon Ier, sur les décorations.

VIE DE L.-E. POUCHET

Nous appartenons à une ancienne famille normande, protestante, dont tous les membres, à une époque où nos diverses industries étaient encore au berceau, avaient fondé çà et là de petites manufactures. Doués d'un esprit progressif, on les compta ensuite, eux-mêmes ou par leurs alliances, au rang des plus grands industriels du pays. Parmi eux, les Pierre Pouchet, les Pouchet-Belmare, les Fauquet, les Lemaître, les Rondeaux, les Joly, par leurs manufactures, ont répandu des millions sur la France.

Mon père, Louis-Ezéchias Pouchet, né en 1748 à Gruchet, près Bolbec, avait vu le jour au milieu de l'une de ces familles puritaines où, dans ces temps d'essais, on s'adonnait à la fois à l'industrie et à la culture de la terre.

Ses parents, chargés de nombreux enfants et n'ayant qu'une mince fortune, ne purent lui donner une éducation élevée. Mais son ardente passion pour les sciences, qui se révéla de bonne heure, sut vaincre les obstacles; tout jeune encore, il s'environnait de livres et de compas, et on le surprenait parfois juché dans les arbres, y préludant à ses fortes études mathématiques.

En 1770, n'ayant encore que vingt-deux ans, L.-E. Pouchet quitta la maison de son père et vint à Rouen se placer chez l'un de ses frères, qui y avait établi une manufacture d'indiennes.

Le contact de notre grande ville ne fit qu'accroître son ardeur pour les sciences et les arts ; et bientôt, dans le but de se perfectionner dans ceux-ci, on le vit entreprendre de longs voyages, ce qui était alors si peu dans nos habitudes.

En studieux investigateur, il parcourut d'abord l'Espagne, où il fit un assez long séjour, puis l'Italie et la Sicile. Mais ce fut surtout en Angleterre qu'il s'arrêta, ébloui du mouvement grandiose de son industrie et de son commerce, spectacle absolument nouveau pour lui, à une époque où toutes les manufactures européennes étaient si arriérées.

La vocation de L.-E. Pouchet ne fut pas longtemps douteuse. Entre les nouveaux moyens de prospérité que le génie français tentait de s'approprier, son aptitude pour les mathématiques devait naturellement le porter vers la filature, et ce fut elle qui devint désormais le sujet de toutes ses méditations. Les merveilles de l'industrie anglaise l'ayant surtout frappé, le rêve de toute sa vie fut de les réaliser sur le sol de notre belle patrie.

A cet effet, il visita, avec un soin tout particulier, Manchester, la reine des cités industrielles. Tout ce qui concernait les filatures, qu'on y trouvait concentrées, fut l'objet de ses plus sérieuses études, et il ne revit la France que lorsqu'il se crut en mesure de l'enrichir d'un trésor nouveau. Il ne revenait vers sa patrie qu'avec une collection de modèles, de dessins et d'observations, que désormais toute son existence devait être consacrée à mettre à exécution (1).

(1) Pièces justificatives. — « Notre collègue, dit Lecarpentier, revint dans sa patrie avec une ample collection de modèles et de manuscrits, fruits de ses observations. Lecarpentier, *Notice nécrologique,* Athénée de Paris, séance du 10 octobre 1807. »

La révocation de l'édit de Nantes avait enrichi l'Angleterre de nos plus importantes industries ; c'était, à son tour, un protestant qui allait lui redemander un élément de la fortune qu'à une autre époque les exilés avaient disséminée sur le sol de la Grande-Bretagne.

Les mécaniques d'Arkwright avaient été l'objet d'études toutes particulières de la part de L.-E. Pouchet ; et ce furent elles qu'il introduisit en France, et auxquelles il fit subir tant de perfectionnements de la plus haute importance (1).

Mais cette introduction devait subir de nombreuses péripéties. L'Angleterre, jalouse de sa suprématie industrielle, surveillait attentivement tout ce qui pouvait lui porter atteinte.

L.-E. Pouchet le savait ; aussi, après avoir séparé toutes les pièces des modèles qu'il voulait rapporter, il les dirigea vers différents ports de la Grande-Bretagne, et, par prudence, partit avant eux. Mais ces modèles ne devaient

(1) Pièces justificatives. — « De retour dans son pays, M. Pouchet
« s'occupa tout entier à perfectionner nos premières mécaniques à fila-
« ture. Il en imagina de différentes formes, et ses inventions et ses dé-
« couvertes ne tardèrent pas à lui valoir l'approbation du bureau de
« consultation des Arts et Métiers, et le firent connaître avantageuse-
« ment des savants de la capitale et de l'Académie des Sciences. Lecar-
« pentier, *Notices nécrologiques,* p. 3. »

Voir plus loin la citation des divers brevets d'invention obtenus à cet effet par L.-E. Pouchet.

« Il mit à profit, dit M. Le Breton, lors de son retour en France, les
« observations qu'il avait recueillies à Manchester sur les progrès d'une
« branche importante de notre industrie, la filature du coton. T. Le
« Breton, *Biographie normande,* Rouen, 1861, t. III, p. 264. »

« Il profita de ses voyages en Angleterre, en Espagne et en Italie pour
« étudier les procédés de fabrication ; et frappé des avantages de la ma-
« chine d'Arkwright pour le filage du coton, il l'importa en France, mais
« en y faisant divers perfectionnements qui en triplèrent le produit.
« Hoefer, *Nouvelle Biographie générale,* Paris, 1862, t. XL, p. 910. »

jamais voir la France. Ils furent arrêtés à leur sortie. Mon père ne put enlever que quelques petites pièces ; et ce fut seulement aidé de celles-ci, ainsi que de ses dessins et de ses notes, qu'il put, à son retour, reconstruire les célèbres machines anglaises.

Mon père arrivait à peine de l'Angleterre, tout émerveillé de son voyage, et surtout de ses machines à filer, lorsqu'il fut appelé à la direction de la filature de Loaviers, la première qui existât en France ; c'était en 1787 (1).

Mais alors la filature était chez nous tout-à-fait dans l'enfance, et un voile impénétrable enveloppait le secret de la Grande-Bretagne. Le rouet faisait encore concurrence aux nouvelles et imparfaites mécaniques qu'on avait en France ; et, pour certaines finesses de coton, le rustique instrument l'emportait même sur les nouvelles machines, qui devaient bientôt le détrôner, en devenant et si belles et si compliquées.

A son retour en France, L.-E. Pouchet ne se contenta pas d'y installer les continus d'Arkwright, il s'occupa largement de les perfectionner. Tantôt il diminue le système du célèbre barbier anglais, en réduisant les métiers à une dizaine de broches ; tantôt, au contraire, il donne à ceux-ci une extension qui alors parut prodigieuse ; il construit, ce qui ne s'était jamais vu, des machines de 200 broches. Et, soit avec ses petits continus, soit avec ses grands, il obtient des cotons filés d'une finesse toute exceptionnelle.

Il avait même envoyé un de ces grands continus à l'une des dernières expositions auxquelles il participa. Cette magnifique machine de 200 broches y eut un certain succès.

(1) Pièces justificatives. — L.-E. Pouchet, dans sa brochure sur le mécanisme du filage du coton, dit ceci à la page 5 : « A mon retour du voyage que je fis, en 1787, en Angleterre, où j'examinai avec attention toutes ses superbes machines, je fus appelé auprès de la direction de celles de Louviers. »

L'ambassadeur de Turquie, en la voyant là, s'étonnait qu'on pût animer, à l'aide d'une simple manivelle, tant et tant de tambours, de broches et de bobines. Mais on fit devant lui marcher ce Léviathan de la filature d'alors, et l'envoyé de la Sublime-Porte s'émerveilla en voyant un enfant mettre aisément tous ses rouages en mouvement.

Si, par l'intervention de ses modestes métiers à dix broches, mon père semblait avoir amoindri l'œuvre d'Arkwright, c'est qu'il avait été dominé, comme il le fut toujours, par une idée philanthropique. Il pensait que de tels métiers pourraient se propager dans toutes les campagnes et remplacer le rouet, soit au foyer de la ferme, soit près de l'âtre enfumé de la cabane, car alors la riche fermière, comme la pauvre paysanne, se servaient de cet instrument; et c'était avec lui que se faisait presque toute la filature. Mais, avec le rouet, la plupart des femmes que mon père employait alors dans ses ateliers, ne pouvaient obtenir qu'un fil grossier ; et les jeunes filles, à l'aide de la ténuité de leurs doigts, arrivaient seules à donner au coton la finesse et l'égalité requises pour la fabrication des dentelles. Et même on ne pouvait les employer à ce travail exceptionnel que jusqu'à douze ou treize ans, car, passé cet âge, leur main devenait trop lourde pour ce travail délicat. Nos halles, nos marchés, où abondent aujourd'hui ces masses de cotons filés que la puissance de la vapeur fait surgir merveilleusement, n'étaient alors presque entièrement approvisionnés que par des fils ouvrés au rouet (1).

Mais c'était à l'exposition de l'an X que L.-E. Pouchet

____

(1) Pièces justificatives. — L.-E. Pouchet. *Traité de la fabrication des étoffes,* Paris, 1778. « Il y a en Basse-Normandie des particuliers qui entretiennent des milliers de fileuses, » p. 28. « Les fils de coton les plus fins sont filés à Forges et aux environs, par des fileuses qui n'ont pas de rapports avec les fabricants, » p. 19.

devait obtenir le plus beau succès auquel il pût aspirer. Cette exposition, l'une des premières et des plus brillantes de l'époque, attirait un grand nombre de visiteurs; et tous se retiraient en prodiguant de vifs éloges à nos arts manufacturiers, qui n'avaient cessé de progresser, malgré les sanglantes épreuves que nous venions de subir : sous l'égide de sa gloire nouvelle, le génie de la nation avait développé toute sa fécondité.

Parmi les hommes célèbres qu'on vit alors affluer dans notre capitale, on remarquait, au premier rang, l'illustre James Fox, qui, impatient de parcourir notre patrie, s'était acheminé vers Paris immédiatement après la signature des préliminaires du traité d'Amiens. Les Parisiens l'accueillaient avec enthousiasme. C'était non-seulement un hommage qu'ils adressaient au grand orateur, mais encore l'expression d'une légitime reconnaissance envers l'homme dont la chaleureuse éloquence dominait naguère la Chambre des Communes ; et qui, sapant l'ascendant de Pitt, y avait parfois défendu, avec tant d'éclat, la France et la paix du monde.

Le premier consul reçut son hôte avec la plus grande distinction, et eut avec lui de ces longs et fréquents entretiens qu'il aimait à prodiguer aux gens d'élite, n'importe à quelle nation ils appartinssent. Il s'établit même une parfaite intimité entre ces deux hommes transcendants, comme si l'un et l'autre s'essayaient à conquérir un nouvel ami pour sa patrie.

A cette même exposition, L.-E. Pouchet venait de conquérir la plus belle palme qui put lui être décernée : c'était la grande médaille d'or ; la Légion-d'Honneur n'existait pas encore.

Ce qui valait à mon père cette glorieuse récompense, ce n'était nullement l'une de ces puissantes machines qui attirent les regards et fascinent les masses, mais tout simplement un petit paquet de coton filé, du plus humble aspect et ne pesant que huit à dix livres. Fort peu apprécié d'abord, à son arrivée, ce modeste hôte du Palais de l'Industrie avait été relégué dans un coin par les premiers classificateurs de l'exposition, et bientôt on le perdit. Ce ne fut pas sans difficulté qu'on parvint même à le retrouver, sale et déchiré, lorsqu'il fallut le présenter au jury. Mais en présence de cet aréopage suprême, le produit de l'industriel rouennais fut amplement vengé des dédains qu'il avait eus à subir au début. En reconnaissant que ses fils soyeux avaient acquis le n° 100, ce qui était alors excessivement remarquable, le jury, concevant tout l'avenir que pouvait offrir une telle industrie pour la prospérité de la France, n'hésita pas à décerner au fabricant de ces fils l'une des premières récompenses de l'exposition.

Par une singulière particularité, le petit paquet de coton qui venait de remporter un tel honneur émanait d'une source assez impure. Il provenait de nos ateliers des prisons de Rouen, et était le produit des mains d'une femme célèbre dans les annales du crime. Il avait été filé sur nos petits métiers à dix broches, par une forte et jolie fille que ses compagnes appelaient la *grande Berthe*, à cause de sa taille élevée. Celle-ci avait été la concubine préférée et souvent la complice de Duramé, l'un des derniers chefs de brigands qui désolèrent les forêts de nos environs ; lui, avait été décapité ; elle, condamnée à une détention perpétuelle. Je me souviens encore d'avoir vu cette sultane déchue, travaillant dans nos ateliers, où elle se distinguait entre toutes les prisonnières, par la recherche de son costume et ses pesants bijoux d'or, vestiges de ses derniers larcins.

La présence de Fox à Paris avait donné lieu à quelques fêtes chez le premier consul. Mon père fut convié à l'une d'elles avec M. Descroizilles, qui, comme chimiste et comme industriel, a laissé de si honorables souvenirs à Rouen. C'était aussi l'un des lauréats de l'exposition. Notre département préludait déjà à ses succès d'aujourd'hui, car sur les vingt distinctions de premier ordre qui furent accordées alors, deux lui avaient été décernées.

Nos deux industriels firent leur entrée aux Tuileries sous l'égide du général Ruffin, l'une des illustrations militaires de notre département. Né à Bolbec, ce général, qui connaissait les deux Rouennais, les introduisit de la meilleure grâce du monde. Lorsqu'il présenta mon père au chef de l'Etat, en faisant allusion à la concurrence que ses cotons filés pourraient susciter à nos voisins d'outre-mer, il s'exprima avec l'abandon et l'énergie d'un soldat, en lui disant simplement : « *Premier consul, je vous présente M. Pouchet, qui causera peut-être à l'Angleterre plus de dommages que ne pourraient lui en faire dix de nos vaisseaux de ligne.* » Le consul sourit à cette allocution toute martiale, et qui contrastait fort avec l'attitude modeste et la timide réserve du savant industriel.

Tout avait été employé pour que cette fête laissât de profonds souvenirs dans la mémoire de Fox. Les plus splendides appartements étaient ouverts aux conviés ; et Bonaparte, préludant déjà à ce tact qu'il eut toujours pour choisir les hommes, en recevant son noble hôte, s'était environné de toutes les sommités de l'époque. Ses conseillers, ses ministres, et un brillant cortége de généraux et d'ambassadeurs, par la diversité de leurs costumes, attiraient tous les regards. Mais, cependant, mon père avoue, dans ses lettres, que ce qui, bien plus que cela, l'émerveillait, c'était la grâce infinie de Mme Bonaparte, qui là était l'objet de ces hommages empressés que la beauté et l'esprit trouvent partout. Près d'elle aussi les regards étaient attirés par un charmant essaim de femmes, aussi fraîches que les fleurs employées à leur parure. C'était là la naissante cour de l'Impératrice Joséphine.

Mais, au milieu de ce monde nouveau, les yeux de mon père s'arrêtaient moins sur le ruisselant éclat des costumes de cette pléiade militaire qui environnait le premier consul, que sur ces savants, ces artistes, ces législateurs, ces industriels qui, malgré leur humble apparence, n'en représentaient pas moins le véritable génie de la France.

Les nombreux conviés étaient à peine réunis qu'on vint annoncer que le banquet était servi. Celui-ci eut lieu dans une salle décorée avec élégance. Mais, si tout le luxe de l'époque avait été déployé ce jour-là pour donner aux Tuileries un air de fête, quelques détails y rappelaient encore cette simplicité républicaine que la France affectait naguère. Tout avait une physionomie martiale à la cour du héros français; là, la fin du repas était simplement annoncée par un formidable roulement de tambour. Celui-ci ne se fit pas attendre; rapide en tout, le premier consul ne consacrait jamais plus de vingt-cinq minutes à la table.

Presque tous les instants de la soirée se passèrent en entretiens particuliers entre Fox, le premier consul et ses ministres. Dans ceux-ci, oubliant un instant cette courtoise indulgence que devait attendre une nation qui l'accueillait avec tant d'empressement et de magnificence, l'orateur anglais se prit à critiquer cette exposition où, quelques heures auparavant, on l'avait reçu avec tant d'honneur. Les yeux de Bonaparte lançaient des éclairs d'impatience, et son ardent patriotisme semblait prêt à déborder; mais un tact exquis modérait l'effervescence de ses sentiments. « Je m'entends mieux, dit-« il à Fox, à manier l'épée pour la défense de la France qu'à « fouiller dans les détails de son industrie, mais je chargerai « du soin de rehausser celle-ci l'un de nos plus savants « industriels, que je vais vous faire présenter. »

C'était mon père que le premier consul désignait et ce fut

ainsi qu'un de nos modestes compatriotes fut appelé à l'honneur de défendre l'industrie française contre l'un des plus illustres orateurs des temps modernes.

Quand Chaptal vint le quérir de la part du premier consul, il se trouvait alors dans une embrasure de fenêtre à converser avec quelques savants, qu'il comptait au nombre de ses amis. Mon père réfuta le mieux qu'il put les prétentions de notre visiteur ; mais quelquefois les objections de celui-ci étaient peu sérieuses. Ainsi, Fox n'avait été frappé pendant sa visite à l'exposition, ni par les machines pleines d'avenir qui la décoraient, ni par leurs produits remarquables. Au milieu de ce concours de toutes nos richesses nationales, quelques menus objets de bimbeloterie ou de grossière horlogerie avaient surtout été l'objet de son attention. On a répété qu'il s'était complu à louer ces couteaux à dix centimes qu'on nomme *eustaches,* mais il ne parla alors que de rasoirs à dix-sept sous, qu'il avait surtout remarqués.

Le premier consul saisit cette occasion pour présenter à Fox, comme trophées de notre gloire nationale, ces savants, ces artistes, ces industriels dont il se trouvait environné.

Quelques moments après, la conversation s'étant engagée entre l'orateur et le général, celui-ci y traita naturellement des questions à l'ordre du jour, et il la fit tomber sur les Etats barbaresques et sur la traite des nègres. Il se plaignit, mais sans amertume, que dans le traité d'Amiens on n'eût pas réglé à fond ces importantes questions, et que l'on y eût manifesté quelque méfiance à l'égard des loyales intentions de la France ; « car, ajouta-t-il avec chaleur, à quelque
« titre que nous soyons, le roi d'Angleterre et moi, appelés
« à la magistrature suprême, nous n'y sommes placés que
« pour faire le bonheur des nations ; et d'une seule ligne,
« partie des bords de la Somme, on eût rendu le calme et
« la sécurité à cinq cents lieues de côtes de la Méditerranée,

« que les puissances barbaresques désolent de leurs bri-
« gandages. »

Fox ne répliqua qu'avec assez de laconisme, quoique cependant, à diverses reprises, il eût fait retentir la tribune
anglaise de ces importantes questions et qu'il dût les connaître à fond. Ses réticences étaient-elles calculées, ou était-
il subjugué par l'éloquence fascinante de son adversaire, par
ses pensées hautes comme les nuages et rapides comme la
tempête? C'est ce que personne ne pourrait dire. Mais ce qui
fut évident pour tous les conviés, c'est qu'en traitant ce
grave sujet, l'avantage fut plutôt du côté de l'homme de guerre
que de celui du prince de la parole (1).

(1) Pièces justificatives. — Voici textuellement l'une des lettres,
datée du 17 vendémiaire an X, dans lesquelles mon père raconte cet
épisode. Elle est adressée à un de ses frères.

« Mon cher frère,

« Je n'ai eu rien à vous dire jusqu'à l'invitation que je reçus le 12 de ce
mois, du premier consul, d'aller dîner le 15, au palais des Tuileries, où
j'ai été.

« Je me trouvai très-satisfait de l'honneur d'être avec les consuls, les
ministres, les ambassadeurs, Mme Bonaparte avec sa brillante cour, des
législateurs, un grand nombre de généraux et des personnages d'un
moindre éclat, mais qui me flattaient autant; c'étaient des savants et des
artistes, qui, par les progrès qu'ils avaient fait faire aux arts, venaient
comme moi d'être couronnés. Je fus encore bien plus enchanté d'un
entretien de Bonaparte avec M. Fox ; j'eus le bonheur de me trouver
après le dîner assez près de ces deux illustres personnages pour ne pas
perdre un mot d'une conversation de plus d'une demi heure. Le
premier consul commença, comme cela arrive souvent, par des
choses qui ne sont pas du plus grand intérêt Il lui présenta, comme un
trophée de la gloire nationale, les artistes dont il se voyait entouré ; il
parla ensuite des barbaresques et dit : « A quelque titre que nous
« soyons appelés, le roi d'Angleterre et moi, à la magistrature suprême,
« nous n'y sommes placés que pour faire le bonheur des nations » Il se
plaignit, mais sans aigreur, que l'Angleterre eût manifesté de la dé-
fiance dans le congrès d'Amiens contre les intentions de la France, et
qu'elle n'y eût pas apporté assez de franchise. Il dit (et je ne l'oublierai
jamais) que le traité d'Amiens aurait été pour lui le plus beau des

Cependant, les magnificences des Tuileries et le contact de cette nouvelle et brillante cour ne changeaient rien au septicisme de l'industriel normand. Il fait la part de chacun, et sent parfaitement que si le premier consul protége les sciences et les lettres, c'est un de ses plus brillants titres de gloire : leur blason traverse plus sûrement les siècles et les orages que celui de l'épée (1).

Au moment où L.-E. Pouchet parcourait la Grande-Bretagne, l'admirable vie d'Howard excitait partout l'enthousiasme. Ce tableau animé de la reconnaissance publique émut profondément son cœur, et désormais il parut ne s'appliquer qu'à imiter l'illustre philanthrope anglais.

« traités et le plus honorable pour les deux nations, si l'on avait voulu
« y mettre quatre lignes pour stipuler que les puissances barbaresques
« seraient réduites au simple rang auquel elles peuvent prétendre par
« l'étendue de leur territoire ; et que l'on eût affranchit ainsi de leurs bri-
« gandages les cinq cents lieues de côtes qu'elles désolent sur la Médi-
« terranée. Il eût voulu aussi que des bords de la Somme on stipulât
« l'abolition de la traite des noirs !...

« Soit que M. Fox n'osât pas défendre une mauvaise cause ou même qu'il fût de cet avis, il ne disait pas grand'chose. « Les plus sages ora-
« teurs de notre nation, continua le premier consul, en plaidant avec
« éloquence, depuis vingt ans, la cause des Africains, ont provoqué de
« la part des Français cet élan de justice et d'humanité qui nous ont
« fait briser les chaînes des noirs ; mais l'Angleterre n'a pas eu la géné-
« rosité de nous imiter, et j'aurais craint de compromettre les intérêts
« de la nation que je gouverne, en me déclarant, au profit des Anglais,
« le Don-Quichotte de l'Europe, pour leur laisser paisiblement faire seuls
« la traite des noirs. »

(1) Voici comment mon père s'exprime à ce sujet dans l'une de ses lettres : « Enfin, mon cher frère, je reviens dans l'admiration de ce que
« j'ai vu et entendu de Bonaparte, et bien plus touché de son discours
« que de l'honneur qu'il m'a fait ; car, enfin, s'il honore les sciences et
« les arts, c'est que, les aimant lui-même, il y trouve son compte, et
« la gloire en rejaillit sur lui. Ah ! que n'avez-vous pu entendre son dis-
« cours, philosophes de tous les pays, esclaves de toutes les nations,
« avec quelle ferveur vous feriez des vœux pour la conservation de
« notre premier consul ! »

Si, comme Howard, on ne le vit pas parcourir l'Europe, se faisant ouvrir les cachots et brisant les fers des prisonniers, il fit peut-être plus en leur enseignant tous les trésors que renferme le travail.

Toute la population de nos prisons croupissait dans la plus honteuse oisiveté, et celle-ci engendrait la dégradation des mœurs. A des travaux dédaignés par elle, tant ils étaient passagers ou à vil prix, L.-E. Pouchet substitua une industrie lucrative et qui ne chômait jamais. Pour la première fois, il organisa des ateliers réguliers et introduisit des machines dans les maisons de détention ; sous cette ère nouvelle s'opéra les plus salutaires améliorations (1).

Le bienfaiteur vit rapidement ses efforts couronnés de succès. Peu de temps s'était écoulé depuis qu'il avait introduit les machines à filer dans Bicêtre, alors la principale prison de Rouen, que déjà on remarquait une amélioration sensible chez les détenus. Le travail avait remplacé le relâchement moral et relevé ceux-ci dans leur propre estime ; leur tenue et leur langage s'étaient même rapidement améliorés (2).

(1) Pièces justificatives. — « C'est l'ingénieuse humanité de ce mécanicien philanthrope qui lui fit concevoir le projet d'établir un atelier de mécanique dans la maison de réclusion de Rouen, et de tourner au profit de l'industrie et de l'utilité publique les dangers d'un trop funeste désœuvrement. » *Société d'Emulation de Rouen*, séance du 9 juin 1808.

Voici comment s'exprime Lecarpentier dans sa notice nécrologique, en 1807 : « L'industrie et l'émulation ne tardèrent pas à s'intro-« duire dans cet asile du malheur, et y firent succéder l'abondance à la « misère ; alors le produit de la journée des détenus se monta jusqu'à « trente sous et au-dessus, au lieu de sept à huit sous qu'elle leur va-« lait auparavant. Je laisse penser combien ce changement opéré par « notre philanthrope dut causer de satisfaction parmi ces malheureux. »

(2) Pièces justificatives. — Voici ce qu'on lit au sujet des ateliers de mon père, dans le *Mémorial des corps administratifs du département de la Seine-Inférieure*, sous la date du 3 fructidor an IX :

« On a commencé à introduire les jenny-mull et les machines

Le salaire, qui précédemment n'était que dérisoire, avait considérablement augmenté sous l'impulsion de leur nouveau bienfaiteur. La journée rapportait aux prisonniers, en moyenne, un franc, ce qui alors était considérable pour eux, relativement à leur travail qui était d'une courte durée.

L'œuvre rénovatrice que L.-E. Pouchet avait entreprise à l'intérieur des prisons ayant rapidement produit ses fruits; il put jouir de son vivant des témoignages de la reconnaissance publique qu'elle lui attirait. « Dans l'espace d'une année, dit le docteur Vingtrinier, médecin des prisons, la maison de Bicêtre, auparavant si hideuse, fut métamorphosée en un atelier remarquable par son activité et ses produits (1) ».

« d'Arkwright pour la filature du coton. Plusieurs femmes sont attachées
« à ce genre de filature, et s'y distinguent par leur adresse autant que par
« leur assiduité. — La plupart ont obtenu des récompenses du préfet.
« On peut remarquer que ces ouvrières ont repris un extérieur propre et
« modeste, et on doit espérer qu'elles seront insensiblement ramenées
« par le travail dans les sentiers de la vertu. »

(1) Pièces justificatives. — Vingtrinier, *les Prisons et les Prisonniers*. Versailles, 1840, p. 65.

En parlant des métiers dont mon père avait peuplé Bicêtre, voici comment s'exprime M. Guilbert : « L'introduction de ces machines dans la maison de réclusion de Rouen a rendu aux bonnes mœurs et au travail les détenus, parmi lesquels le désœuvrement et la paresse entretenaient auparavant une foule de vices destructeurs de toute espèce de moralité. Le produit de la journée devint triple par les soins et la surveillance de Pouchet. *Mémoires biographiques*, t II, p. 271.

Guilbert, *Mémoires biographiques*. Rouen, 1812, t. II, p. 275.

« L.-E. Pouchet n'est mort qu'en 1807. Pendant trente-sept ans, il n'a cessé de perfectionner les diverses branches de l'industrie normande. Après avoir vu, comme il savait voir, l'Italie, l'Espagne et l'Angleterre, il revint enrichir la cité de ses nombreuses observations, et contribuer puissamment au succès de la première filature qui fut établie à Louviers. En l'an X, il exposa un métier continu de son invention. Plusieurs de ces métiers, dans lesquels il avait su placer un grand nombre de broches occupant un très-petit espace, furent mis en activité dans la maison de détention, et il y occupa les malheureux qui s'y trouvaient

Mais si l'œuvre d'amélioration marcha ainsi à pas de géant, il est juste de dire que L.-E. Pouchet possédait toutes les sympathies de M. Beugnot, préfet de la Seine-Inférieure, dont les généreux efforts ont été signalés par divers savants (1).

Cette philanthropie qui portait L.-E. Pouchet à s'occuper des prisonniers ne l'abandonna jamais. Il avait proposé d'abréger la captivité de ceux qui se livreraient au travail avec plus de zèle. « Toujours inspiré par la sensibilité de son cœur, Pouchet ne cessa jamais de songer aux moyens de rendre les détenus plus dignes de la société dans laquelle ils devaient rentrer, et de les y restituer le plus promptement qu'il serait possible. »

Ne se contentant pas de répandre l'aisance parmi les prisonniers, L.-E. Pouchet avait pour eux une bienveillance toute paternelle. Sa bourse y passait (2). A certains jours, pour les faire participer aux régals de la ville, il leur faisait distribuer diverses friandises que l'on y mange ordinairement.

renfermés ; dès ce moment, leur sort fut considérablement amélioré. Pouchet fut donc leur bienfaiteur !...

Mémorial de Rouen, 22 septembre 1837.

(1) Pièces justificatives. — Mahon et Fodéré, *Taité de Médecine légale :* « En France, disent-ils, un préfet, ami de l'humanité, M. Beugnot, a pris, dès l'année 1802, un arrêté digne des éloges de tous les philanthropes et de servir de modèle à tous ses collègues. »

On se rappelle qu'à cette époque, déjà L.-E. Pouchet tirait de sa filature de Bicêtre le coton qui remportait la première médaille de l'exposition.

(2) Pièces justificatives. — Voici ce que dit à ce sujet M. Vingtrinier :

« L'un des premiers et des plus zélés entrepreneurs qui aient secondé l'administration en fournissant des travaux, des métiers dits jenny-muil, a été M Pouchet. Nous avons souvent entendu parler des sacrifices que cet industriel distingué a bien voulu faire dans ce temps qui montra de si beaux dévoûments. » *Des Prisons et des Prisonniers,* p. 67.

Un boulanger était chargé d'en fournir plusieurs fournées, et toute une voiture, pesamment chargée, se rendait à Bicêtre pour les y distribuer à nos ouvriers (1).

La population prisonnière n'était pas ingrate à tant de bontés, et sa reconnaissance payait amplement le bienfaiteur ; toute la famille en avait même sa part.

Je me rappelle parfaitement encore que, comme l'un des témoignages ostensibles de cette gratitude, nos ouvriers avaient fait peindre toute notre histoire sur les murailles des ateliers.

Cette rustique épopée, due au pinceau des détenus, occupait tous les panneaux d'un long atelier situé au premier étage. Chacune de ses peintures était consacrée à l'un de nos principaux événements de famille. Là, le mariage de mon père ; ici, le baptême de ses enfants ; ailleurs, des allégories sur leur naissance ; enfin, L.-E. Pouchet, dans toute sa gloire, recevant les récompenses du gouvernement. C'était la galerie de Rubens, placardée sur les murs des cachots , moins le talent de l'immortel artiste et la glorieuse importance du sujet.

Mais, quelle que soit la pauvreté de leur exécution, ces peintures murales, spontanément exécutées par la reconnaissance des prisonniers, et religieusement respectées par eux, n'en attestaient pas moins une touchante gratitude pour leur bienfaiteur.

L'activité bienfaisante de L.-E. Pouchet ne s'arrêtait jamais. Ce n'était pas assez d'avoir organisé le travail dans les maisons de réclusion de Rouen, il voulait encore tenter de

---

(1) Il est question ici des petits pains appelés *chemineaux*. Je me souviens encore que, dans mon enfance, nos domestiques me mirent plusieurs fois dans la voiture à un cheval qui , de chez le boulanger, transportait ces petits pains à Bicêtre.

réaliser le même bienfait dans d'autres villes de France ; on le lui proposait de Paris (1).

Pour lui, le travail est le pivot de toute amélioration sociale : il en propose et il en donne à tout le monde. Aux plus tristes jours de notre révolution, ses ateliers sont ouverts, sans distinction, à toutes les fileuses de Rouen qui veulent s'y présenter ; toutes y trouvent du pain, même dans le temps du maximum. Puis, pendant un moment, il couronne son œuvre en prenant à son compte les ateliers de charité, qui occasionnaient d'énormes dépenses à la municipalité (2).

Un des actes de cette vie si laborieuse et si digne, en peint naïvement à lui seul toute la patriarcale loyauté. Le duc de la Rochefoucauld avait établi dans notre maison le dépôt de ses cotons filés. Les entrepositaires prélevaient alors une commission de quatre pour cent et garantissaient la solvabilité de la vente. L.-E. Pouchet ne réclamait que la moitié de cette somme et ne se chargeait pas du dernier soin. Mais M. de Liancourt, désirant n'avoir nullement à se préoccuper des chances commerciales, voulut offrir, à une époque donnée, quatre pour cent à mon père afin qu'il les encourût. Non,

(1) Pièces justificatives. — On lit ceci dans une lettre que L.-E. Pouchet adressa à son frère à Caen, à la date du 23 nivôse an VIII.

« J'ai vu le citoyen F. de la Combe, entrepreneur des maisons de réclusion et dépôts de mendicité de la république, qui me propose d'employer les détenus de plusieurs maisons, entre autres celle de Caen, où il y a, m'a-t-il dit, deux ou trois cents femmes. »

(2) Pièces justificatives. — On lit dans la même lettre :

« Vous savez que j'ai su, dans les temps les plus calamiteux, fournir, à bureaux ouverts, du travail à toutes les fileuses de la ville qui ont voulu en prendre, même à l'époque du maximum. Je pris dans un temps, à mon compte, les ateliers de charité, qui occasionnaient à la municipalité des dépenses énormes. Dans l'Hôpital-Général de cette ville et à la maison de réclusion ou dépôt de mendicité, j'ai organisé la filature sur un système qui y est profitable. »

dit ce dernier, je dois vous refuser, car *je ne suis pas plus solvable que vos acquéreurs, et ce serait une tromperie que de m'offrir comme leur garant.*

Cette droiture, qui dominait tous les actes de la vie de L.-E. Pouchet, n'était nullement l'accomplissement d'un devoir, mais l'expression d'un sentiment inné, instinctif, qui ne se démentit jamais ; et, supposant que celle-ci était aussi profondément gravée dans le cœur des autres que dans le sien, il fut souvent trompé.

L'existence de mon respectable père n'est qu'une perpétuelle ovation au patriotisme et à la philanthropie ; partout ces sentiments débordent, dans ses écrits comme dans ses actes. Là, indigné de nous voir tributaires de l'étranger, il concentre tous ses efforts pour relever notre industrie et l'affranchir du joug de l'Angleterre. Ailleurs, il se félicite d'avoir porté le travail et l'aisance jusque dans nos obscures prisons, et d'en avoir réformé les tristes tendances morales.

Plus tard, quand on le voit couper le système d'Arkwright pour en faire de toutes petites machines à filer d'une dizaine de broches, ne tenant pas plus de place qu'un rouet, c'est un effort civilisateur qui le dirige et le domine. Par là, il entend conserver au foyer du paysan ces mœurs tranquilles dont nos grandes fabriques sont trop souvent l'écueil : il veut disséminer le travail, tout en retenant le laboureur à sa charrue (1) !

(1) « ... J'ai pensé, dit-il, que le jury pourrait voir avec intérêt un mécanicien-filcur s'écarter de la route ordinaire, pour porter jusque dans les prisons un genre de travail qui y paraissait absolument inadmissible, et frayer ainsi la route au système d'Arkwrigth jusque dans les lieux les plus resserrés. Pourrait-on méconnaître l'utilité de procurer un métier avantageux à la mère de famille, qui ne peut s'éloigner de ses enfants, et à ses filles qu'elle n'ose envoyer dans ces grands rassemblements, l'écueil des mœurs ? » L.-E. Pouchet. *Le Mécanisme du filage du coton,* p. 11.

« Ainsi, mon système de filature, dit-il plus loin, mis à la portée des

Ne se contentant pas d'avoir installé des filatures et des ateliers dans la maison de détention, L.-E. Pouchet songea aussi à accoutumer au travail les jeunes enfants trouvés, et à leur enseigner une profession qui les mît à même de gagner leur vie lorsqu'ils sortent des hospices où ils ont été élevés. A cet effet, on envoyait chez mon père de jeunes enfants de l'Hospice-Général, et dans nos ateliers on les instruisait à l'art du tourneur, du menuisier et du serrurier. C'était le germe d'une école professionnelle, où déjà ils gagnaient un certain salaire (1).

Aucune des questions qui se liaient au bien-être moral de l'homme, n'échappait à l'attentive sollicitude du penseur rouennais. La traite des nègres, dont on commençait à flétrir la barbarie, faisait bondir son cœur de la plus vive indignation. Dans plusieurs de ses lettres il accuse vigoureusement l'Assemblée Nationale de tiédeur à ce sujet. « Cette auguste assemblée, s'écrie-il dans l'une d'elles, souille ses travaux en prêtant une trop grande attention aux déclamations des marchands de nègres, qui lui font croire que l'émancipation de ceux-ci sera la perte de nos colonies. » Son patriotisme en est ébranlé, et son indignation est telle, qu'il semble disposé à vouer aux Euménides toute la représentation nationale, si elle n'abolit pas immédiatement le commerce des noirs (2).

petits comme des grands entrepreneurs et affranchi des liens qui le retenaient exclusivement dans les mains de ces derniers, doit naturellement prendre un essor qui mette les manufactures d'Angleterre dans l'impossibilité de soutenir en France la concurrence que nous pourrons leur opposer au moyen du perfectionnement des arts et de la supériorité de population que nous avons sur elle. » L.-E. Pouchet. *Idem*, p. 12.

(1) Je me souviens encore d'avoir vu ces enfants travailler dans nos ateliers où déjà plusieurs étaient réputés comme d'excellents tourneurs. Je crois qu'on les amenait chaque jour du Bureau.

(2) Pièces justificatives. — Lettre de L.-E. Pouchet à M. Pouchet, de Caen, 4 août 1791.

Peu d'années plus tard, quand la misère est à son comble et que le peuple manque de pain, préludant déjà à la solution du grand problème de la vie à bon marché, on le voit s'efforcer d'introduire la pomme de terre dans nos contrées, où sa culture, paraît-il, était encore inconnue. Aussitôt qu'il apprend que son frère s'en occupe à Caen, il lui demande le précieux tubercule pour le faire connaître par le moyen des journaux ou pour le présenter à l'appréciation des savants de la Société d'Emulation (1).

Esprit positif, formé de bonne heure par les voyages, et élevé au milieu du mouvement intellectuel par lequel le XVIIIe siècle préparait les splendeurs de notre époque, L.-E. Pouchet était l'un des plus caractéristiques représentants de cette bourgeoisie polie et lettrée qui, avec le sentiment de la probité et du devoir, acceptait loyalement toutes les conséquences de la révolution.

Le naturel calme et patient du mathématicien l'éloignait des agitations de la politique. Toute sa vie était dominée par une pensée suprême : le bien public. Etranger aux partis qui s'entre-déchirèrent durant l'ère sanglante de la révolution, il sut se faire respecter de tous, et mériter leur estime tout en conservant son indépendance.

Quoique élevé au milieu d'une époque où le scepticisme déborde, il y a cependant certaines choses auxquelles L.-E. Pouchet porte une confiance aveugle. Egaré par la loyauté de son cœur, il a omis d'allier la lecture de Machiavel à celle des encyclopédistes; il croit aux promesses de tous les gouvernements, et ses déceptions et ses rudes écoles ne le détrompèrent jamais.

(1) Pièces justificatives. — « Je suis membre de cette Société, écrit-il à son frère, et je puis vous assurer que ce sujet entre bien dans ses travaux, car elle renferme des cultivateurs éclairés. » Lettre datée de Rouen le 16 prairial an IV (1796).

Toujours prêt à tous les sacrifices, lorsque la France épuisée fit un appel à la générosité de ses citoyens, l'un des premiers, L.-E. Pouchet dépose toute son argenterie, tous ses bijoux sur l'autel de la patrie...

Il eut le même aveuglement quand vint le règne des assignats ; son patriotisme le fit croire à leur valeur, et il remplit bientôt toute sa caisse de cette monnaie imaginaire. Ses illusions étaient telles qu'au moment de la débâcle elles ne furent point ébranlées. Et, s'imaginant toujours que le taux de ce papier remonterait, il ordonna de mettre en paquets tout ce qu'il en possédait. L'on fit un tumulus de ceux-ci sur le plancher d'une sombre pièce de la maison, que l'on désignait sous le nom de cabinet noir ; là on les conserva longtemps précieusement en attendant leur résurrection (1).

Dans la vie de mon père, je n'ai à citer aucune de ces petites défaillances morales que les apologistes excellent à transformer en qualités instinctives. C'est d'un bout à l'autre, au moins que je sache, une existence dont la dignité ne se démentit jamais.

Le patriotisme de L.-E. Pouchet, tempéré par un caractère plein de douceur et une vie remplie d'études, lui donnait peu de tendance à s'élancer au milieu des scènes ardentes de la vie républicaine : replié dans son calme sévère, il en considérait de loin les orages et se contentait d'en admirer les héros. Sa place était plutôt dans le sein de nos paisibles assemblées communales, que sur la périlleuse tribune de la convention ; aussi le voyons-nous pendant long-

---

(1) Je me souviens encore que ces paquets d'assignats étaient si nombreux qu'ils formaient un tas élevé sur le parquet de ce cabinet noir. Après la mort de mon père, j'en donnai des masses à un de nos parents de la campagne, qui, peu regardant sur le choix artistique de ses tentures, en placarda richement toutes les chambres de son habitation. Le reste servit à allumer le feu.

temps et jusqu'à sa mort, figurer au nombre des membres les plus actifs du conseil municipal de Rouen (1).

Cette vie laborieuse, cette nature expansive alliée aux plus estimables mœurs, devaient valoir de nombreux amis à L.-E. Pouchet. Aussi, beaucoup de nos savants, après avoir fait publiquement l'éloge des travaux du studieux investigateur, s'étaient-ils liés avec leur auteur.

Il avait, en effet, d'honorables relations avec les hommes les plus considérables de son époque. Les lettres et les rapports des Laplace, des Lagrange, des Coulomb, des Borda, des Hallé et des Haüy, qu'on retrouva parmi ses papiers, témoignent de l'estime que tous en faisaient (2).

M. le comte Beugnot, qui, sous l'empire, fut longtemps préfet de la Seine-Inférieure, doit être cité au premier rang parmi les hommes marquants qui entourèrent L.-E. Pouchet de leur affection; et, chose rare, l'amitié du magistrat survécut à la mort du savant qu'elle honora durant sa vie.

Je ne puis résister au plaisir de citer, à cet égard, un trait qui fait l'éloge de l'homme d'Etat. En 1817, mon frère aîné, sollicitant une modeste place de contrôleur, eut l'idée de faire simplement apostiller sa pétition par M. Beugnot, devenu alors député et fort bien à la cour du roi. Il la lui fit re-

(1) Pièces justificatives. — Les actes de la mairie de Rouen font mention que L.-E. Pouchet fut nommé membre du conseil municipal par un arrêté de M. le préfet du département, en date du 6 prairial an VIII, en vertu de la loi du 28 pluviôse de la même année. — Il y resta attaché jusqu'en 1807, époque de sa mort.

(2) Pièces justificatives. — Ses inventions et ses découvertes ne tardèrent pas à lui valoir l'approbation du bureau de consultation des Arts et Métiers, le firent connaître avantageusement des savants de la capitale, de l'Académie des Sciences, et lui valurent dans la suite une médaille d'or du gouvernement. Plusieurs lettres et des rapports honorables de MM. Lagrange, Haüy, Coulomb, La Place, Borda et Hallé, sont des témoignages non équivoques du talent et des utiles découvertes de notre collègue. » Lecarpentier. *Notice nécrologique sur L.-E. Pouchet,* p. 2.

mettre par son valet de chambre. Peu de minutes après, celui-ci rentrait en disant au solliciteur que M. le comte voulait
lui parler, et immédiatement il le conduisit dans son cabinet.
Là, l'ancien préfet accosta mon frère avec un juron familier;
et en lui reprochant de ne pas s'être présenté à lui, il ajouta
qu'il avait trop été aidé par mon père dans son administration pour l'avoir oublié, et qu'il se souvenait toujours des
services qu'il lui avait rendus pour le développement de
l'industrie cotonnière à Rouen.

Puis, au lieu d'apostiller la pétition, l'ancien préfet voulut
la *remettre lui-même au ministre;* et quelques jours après
mon frère recevait sa nomination.

M. Mollien porta également à mon père une considération
marquée. Né à Rouen, il avait été, pendant quelque temps, attaché à notre maison. Plus tard, devenu ministre de Napoléon Ier et comte de l'empire, il n'oublia jamais l'homme qui, au
début de sa carrière, l'avait accueilli avec une cordiale aménité.

L.-E. Pouchet comptait aussi au nombre de ses amis le
duc de la Rochefoucauld-Liancourt. Il y avait une certaine
similitude de caractère entre ces deux hommes : tous deux
étaient doués du même esprit philosophique; tous deux
étaient entraînés par les mêmes aspirations philanthropiques.

Je me rappelle que durant mes jeunes années beaucoup de
nos grands manufacturiers conservaient encore le souvenir
des services de L.-E. Pouchet. L'un des plus considérables
de l'époque, et l'un de ceux dont la parole en semblable ma-
tière avait le plus d'autorité, M. Levavasseur, me disait un
jour : « Monsieur, les fabricants de notre contrée doivent
un grand tribut de reconnaissance à votre père ; par l'impulsion qu'il a donnée à la filature, il a puissamment contribué
à l'extension de la richesse de notre cité (1). »

(1) Pièces justificatives.— Ce que je viens de rapporter pourrait avoir
sa confirmation dans ce qu'on lit dans *l'Histoire du château de Radepont,*

On peut dire de mon père qu'il fut réellement le Bernard Palissy de l'industrie ; et, s'il ne brûla pas son mobilier pour alimenter ses fourneaux, ce qu'il gagnait par son négoce passait complétement dans ses ateliers (1).

Ses ouvriers en avaient une bonne part ; il les aimait comme autant d'enfants, et jamais leur salaire n'était marchandé. Il voulait aussi que chacun d'eux mit la poule au pot, et ils la mettaient réellement. La construction des mécaniques se faisait dans nos ateliers, et à mesure que celles-ci étaient terminées, elles augmentaient notre filature de Bicêtre ou étaient expédiées au loin. Mon père en peuplait toute la Normandie et en envoyait jusqu'à Caen (2). A cet

qui est aujourd'hui la propriété de M. Charles Levavasseur, que je m'honore d'avoir compté parmi mes jeunes amis.

« Louis-Ezéchias Pouchet, né à Gruchet, près Bolbec, et père du professeur d'histoire naturelle, a le premier importé dans notre pays le métier appelé mull-jenny. Il est, en outre, l'inventeur de l'instrument qu'on appelle romaine et qui a une si utile influence sur le classement et la finesse des cotons. Après M. Pouchet, le mull-jenny fut employé par MM. Rawle, à Déville, et Hulse, au Mont-Riboudet, près Rouen. » *Histoire du château de Radepont,* par M. DE FALLUE. Rouen, 1851, p. 94.

Il y a seulement ici confusion entre les continus et les jenny-mull.

(1) PIÈCES JUSTIFICATIVES. — « On se persuadera aisément, dit Lecarpentier, que notre collègue, dans le bien-être qu'il procurait aux détenus, s'occupa plus d'améliorer leur sort que de sa fortune particulière, dont une grande partie fut employée à cet acte de bienfaisance et qui put à peine suffire dans la suite à cause du malheur des temps. Mais, avec de nouvelles économies, il était parvenu à continuer de donner du travail aux détenus jusqu'au moment où la mort vint leur enlever leur bienfaiteur. Il avait aussi proposé une abréviation de captivité pour ceux des détenus qui se seraient le plus livrés au travail ; cette heureuse idée avait déjà produit les meilleurs effets. » LECARPENTIER, *Not. nécrol.*

(2) L.-E. Pouchet fait tous ses efforts pour propager la filature en Normandie ; on voit, par diverses lettres, qu'il envoyait des mécaniques à Caen.

« La filature de coton, dit-il dans l'une d'elles, comment va-t-elle ? « Je crois toujours que c'est une bonne chose ; j'en ai la preuve bien « acquise. Je crois surtout qu'à Caen, où la main-d'œuvre est à bon effet, le laborieux investigateur employait trois à quatre cents ouvriers ; nous avions des menuisiers, des serruriers et des tourneurs, dont une partie seulement travaillait dans une maison de la rue Saint-Nicolas, n° 31, que nous habitâmes fort longtemps.

La philanthropie de L.-E. Pouchet ne se démentit jamais ; seulement lorsque, affaibli par de longues souffrances, l'heure suprême s'approcha, sentant tout le néant des faveurs de l'opinion publique, en apercevant à son chevet une épouse éplorée et de jeunes enfants en larmes, il entrevit douloureusement leur avenir, et, avec amertume, dit aux amis qui l'entouraient : « Je sens que j'ai trop fait pour les autres, et pas assez pour ma famille. »

Il était trop tard.

Le novateur qui venait de donner une si vive impulsion à l'un des éléments de la riche industrie de notre cité, mourait sans fortune, et « comme un autre Eudamidas, en recom-
« mandant sa jeune famille à ceux qu'il avait honorés de son
« amitié (1).

« Il expirait à l'âge de cinquante-neuf ans, le 30 mai
« 1807, ayant employé sa trop courte existence à l'utilité de
« son pays, à la bienfaisance, et emportant avec lui les re-
« grets de tous ceux qui l'ont connu (2). »

En traçant la biographie de mon père, un autre auteur a pu dire de lui : « Heureux l'homme dont la vie occupée est utilement employée au soulagement de l'infortune ! plus

« marché, il y aurait lieu de tirer un grand parti de cette branche d'in-
« dustrie. » Lettre adressée à son frère à Caen, le 8 floréal an IV.

Une autre lettre du 23 ventôse de l'an VII nous apprend qu'alors il envoyait des mécaniques à Caen. « Vous m'auriez fait plaisir, dit-il à son frère, de m'accuser réception de votre mécanique, et de me dire si vous en êtes content. »

(1) Paroles de LECARPENTIER. *Notice nécronologique* sur L.-E. Pouchet.

(2) LECARPENTIER. Id., id.

heureux celui dont le désintéressement lui fait trouver sa récompense dans les services qu'il rendit à la société ! Tel fut Pouchet (1). »

Enfin, le secrétaire de la Société d'Emulation s'exprimait ainsi, par rapport à mon père, dans la séance du 9 juin 1808 : « La mort ravit à la société l'homme de bien qui l'honora par ses vertus ; à la patrie, le citoyen laborieux qui la servit par des travaux réellement utiles ; à l'humanité, l'un de ses bienfaiteurs (2). »

(1) Guilbert, *Mémoires biographiques*. Rouen, 1812, t. II, p. 270.
(2) Compte rendu de la séance du 9 juin 1808.

LE SAVANT

La vie de L.-E. Pouchet n'a été qu'un incessant labeur ;
aussi, malgré les préoccupations de l'industrie, a-t-il pu
donner naissance à d'assez nombreux travaux scientifiques.
Presque tous roulent sur les mathématiques appliquées, et
dans ceux-ci perce constamment une tendance particulière,
celle de substituer la combinaison des lignes et le travail du
compas, aux arides opérations du calcul. Par cette méthode, que
le savant rouennais appelait l'*arithmétique linéaire*, l'erreur
se glisse plus difficilement dans les opérations, que lorsque
celles-ci se font par le maniement des chiffres.

Si les tendances généreuses du caractère de L.-E. Pouchet ne lui permirent pas de réaliser quelque fortune,
par compensation, il sut conquérir les plus beaux trophées
dont un savant puisse s'honorer. Ses ouvrages ont été l'objet de rapports extrêmement flatteurs de la part des membres les plus illustres de l'Académie des Sciences, tels que
le marquis de Laplace, Haüy, Coulomb, Lagrange et Hallé ;

et il entretenait avec plusieurs d'entre eux une correspondance qui équivaut pour lui à une véritable noblesse (1).

De bonne heure, par un travail assidu, L.-E. Pouchet
avait su combler les lacunes de son éducation. Sorti presque
illettré du domaine de son père, quand il revient d'Espagne,
nous le voyons déjà faire imprimer des tableaux sur la langue
de ce pays.

Vers 1788, entraîné par ses tendances spéciales, il pro-
duisit un tableau astronomique de la durée de l'année, sur
lequel d'ingénieuses et multiples combinaisons de lignes in-
diquaient la durée des saisons, des mois et des journées ;
de grandes ombres y exprimaient même l'intensité du cré-
puscule. Ce tableau, d'un remarquable fini, fut présenté à
l'Académie des Sciences, et valut à son auteur les plus flatteurs éloges de la part de ses membres, et en particulier de
l'astronome De Lalande (2).

Déjà riche d'observations, ce fut aussi vers 1788 que mon
père commença à publier ses premiers ouvrages sur l'industrie
de la filature (3). Il ne peut donc y avoir ici le moindre
doute sur la priorité de ses efforts.

L'œuvre la plus capitale de L.-E. Pouchet est sa *Métrologie terrestre* ou *Tables des nouveaux poids, mesures et*

(1) PIÈCES JUSTIFICATIVES. — Voyez LECARPENTIER. *Notice nécrologique.*
Voici le jugement que l'auteur de la *Biographie universelle* porte sur
les travaux de L.-E. Pouchet : « Il n'est aucun de ses ouvrages, dit-il,
qui ne puisse être consulté avec fruit et où l'on ne trouve des faits
curieux ou des observations importantes, que l'on chercherait en vain
dans les livres plus volumineux publiés depuis sur les mêmes matières.
Ses travaux lui valurent plus d'une fois des récompenses du gouvernement. » T. XXXV, p. 538.

(2) J'ai vu ce tableau astronomique dans ma jeunesse ; c'était une
belle et grande gravure, exécutée au burin, et dont la complication des
lignes annonçait un ouvrage de longue haleine.

(3) L.-E. POUCHET. *Traité de la fabrication des étoffes.* Paris, 1788.

monnaies de France (1). Cet ouvrage, qui eut plusieurs éditions, forme un fort volume dans lequel l'auteur traite de la valeur comparée des diverses mesures de la France avec celles de l'étranger. On y trouve le détail d'environ dix-huit cents mesures françaises ou étrangères, réduites en mesures de Paris et en nouvelles mesures décimales, rangées sous une forme commode pour les recherches. Ce traité, destiné à faciliter les transactions commerciales de la république avec les autres nations, reçut un accueil bienveillant de la part des savants, qui en reconnurent toute l'utilité pour le pays.

La métrologie terrestre fut accueillie favorablement aussi par les diverses corporations qui s'occupaient de la propagation du système décimal, et en particulier par le conseil des poids et mesures et par le bureau de consultation des Arts et Métiers.

Cet ouvrage est suivi de *Tableaux graphiques* destinés à la pratique de l'arithmétique linéaire. Cette tendance à substituer la complication des lignes aux aridités du calcul, fut reconnue aussi d'une utilité pratique ; seulement, elle ne donne pas toujours l'extrême précision des chiffres dans les recherches délicates ; mais l'auteur le reconnaît lui-même, et ne préconise son œuvre que pour les opérations usuelles.

Parmi les ouvrages les plus considérables de L.-E. Pouchet, il faut citer aussi ses *Echelles graphiques des nouveaux poids, mesures et monnaies de la république française, et des villes et pays les plus commerçants de l'Europe.* Ce traité, formant un volume in-octavo, est destiné à l'appréciation rapide de nos divers moyens d'évaluation avec ceux de l'étranger. L'auteur y arrive à l'aide d'un procédé particulier : à l'aide d'échelles linéaires qui, par la seule ouverture du compas, donnent

(1) Louis-E. Pouchet. *Métrologie terrestre* ou *Tables des nouveaux poids, mesures et monnaies de France.* Rouen, 1797.

une solution rapide et facile des questions les plus em-
brouillées.

Cet ouvrage, qui eut plusieurs éditions, étant de nature à
faciliter amplement les opérations commerciales de la
France, fut l'objet d'éloges réitérés de la part des membres les plus compétents de l'Académie des Sciences, et
en particulier de Laplace, l'illustre auteur de la mécanique céleste, et de Coulomb, le célèbre physicien (1).

On fit même plus, à la demande de Borda, président du
bureau de consultation des Arts et Métiers, et de Hallé, son
secrétaire, le gouvernement accorda à l'auteur une récompense nationale de 3,000 livres (2).

(1) PIÈCES JUSTIFICATIVES. — Voici textuellement les divers rapports
faits par de Laplace, Coulomb, Lagrange et Haüy sur l'ouvrage dont il
est ici question :

*Lettre de Lagrange et Haüy au nom de la commissiom des poids et
mesures,* le 22 frimaire de l'an III de la république : « La commission
a parcouru avec beaucoup d'intérêt votre travail sur les poids, mesures
et monnoies républicains. La manière simple que vous avez employée,
par des échelles qui ont des rapports directs entr'elles pour la comparaison d'un poids-mesure et monnoie avec un autre, rend votre ouvrage
de la plus grande utilité. Vous avez, par vos soins, contribué à remplir
les vues de la commission, et partagé avec elle la tâche qui lui a été
confiée : elle rend témoignage à votre zèle, et le commerce, n'en dou-
tez pas, vous saura gré des moyens que vous lui fournissez d'opérer
avec facilité et promptitude. » — *Signé* LAGRANGE et HAUY, secrétaire.

Extrait du rapport de Laplace et Coulomb : « Il nous paroît que le citoyen Pouchet, en imaginant et faisant graver les différentes échelles
proportionnelles qui représentent les poids, mesures et monnoies des
différentes villes d'Europe, et qui forment 141 échellés, a fait un ouvrage très-utile et dont l'usage va être adopté, puisque dans le décret
pour les poids et mesures du 18 germinal dernier, il est dit, qu'au lieu
des tables de rapport entre les anciennes et les nouvelles mesures, or-
données par le décret du 8 mai 1790, il sera fait des échelles graphiques
pour estimer les rapports sans avoir besoin de calcul. — Fait au bureau
de consultation des Arts et Métiers, le 9 floréal l'an IIIe de la république. » — *Signé* LAPLACE et COULOMB.

(2) PIÈCES JUSTIFICATIVES. — *Extrait de la délibération du bureau*

Dès 1788, L.-E. Pouchet *écrivait un traité sur la fabrication des étoffes,* qui était accueilli avec une certaine faveur par la presse de cette époque (1).

Ce petit ouvrage est assez curieux par les révélations qu'il contient sur l'importation, en France, des premières mécaniques à filer, et sur la concurrence que leur faisait encore alors le filage au rouet.

Quelques phrases, extraites de ce livre, donnent exactement l'état de nos manufactures en Normandie, avant l'impulsion que son auteur devait tant contribuer à leur imprimer :

« Quoiqu'il y ait de ces mécaniques — des Jeannettes — depuis plus de vingt ans en France, la fabrique de Rouen n'en a tiré aucun parti, puisqu'elle n'a pas obtenu leurs fils à meilleur marché ; cela provient de ce qu'elles ne sont point en général dirigées sur de bons principes : il y a quelques ateliers à excepter ; mais ils ne font point sensation en Normandie. Il y en a un aux environs de Rouen, dans lequel le meilleur ordre est établi, et qui ne le cède en rien à ceux

de consultation des Arts et Métiers : « Le bureau de consultation des Arts et Métiers, après avoir entendu le rapport de ses commissaires, tendant à faire assigner au citoyen Pouchet une récompense nationale ; considérant que les différentes échelles proportionnelles qu'il a fait graver pour comparer les anciennes mesures et celles des principales villes de commerce de différents pays, avec les nouvelles mesures de la république française, simplifient et facilitent les opérations de commerce dans la plupart des détails usuels.....; considérant que les différents exemples donnés par ce citoyen, dans son ouvrage, présentent une quantité d'applications utiles....., est d'avis, conformément à la loi du 12 septembre 1791, de lui accorder le maximum de la seconde classe des récompenses nationales, c'est-à-dire, trois mille livres.

« Paris, le 21 prairial l'an IIIe de la république française, une et indivisible. » — *Signé* Borda, président, et Hallé, secrétaire.

(1) Ce livre a été analysé dans le *Journal de Normandie* du 28 janvier 1789.

d'Angleterre ; mais il suffit à peine aux besoins d'une manufacture dont il dépend.

« Il en est de ce filage comme de celui d'Arkwright ; les préparations qu'il exige l'empêchent de pouvoir, dans le bas prix, aller de pair avec celui du rouet ; il faut donc commencer encore à un degré de finesse plus haut qu'à l'autre (1). »

Le Mécanisme du filage du coton, avec la Comparaison des nouveaux procédés aux anciens, est une brochure in-4° d'une moindre importance que le livre qui précède ; mais cette brochure est fort curieuse en ce que, publiée plus de douze ans plus tard, elle nous montre le progrès que la filature avait déjà fait en France.

Mon père s'y élève encore contre l'introduction des marchandises anglaises. On y constate que déjà L.-E. Pouchet avait monté des jenny-mull et des métiers d'Arkwright dans la maison de détention de Rouen (2). L'auteur y déclare aussi qu'alors la filature de Louviers avait la réputation d'être la première de France.

Parmi les productions que l'on doit encore au savant rouennais on peut citer : *Un Traité des nouveaux titres des matières d'or et d'argent ; un Mémoire sur la nécessité de perfectionner le régime des travaux dans les maisons de détention ;* enfin, son ardeur pour l'extension de nos relations à l'extérieur, l'avait porté à créer un *Journal universel de Commerce* dont il publia seulement le prospectus raisonné.

Les métiers ne donnant que des fils d'inégale finesse, il devenait indispensable d'en opérer le classement avant de les livrer au commerce. L.-E. Pouchet inventa à cet effet un petit instrument, connu sous le nom de *romaine,* qui, depuis

(1) POUCHET. *Traité sur la fabrication des étoffes.* Rouen, 1788, p. 50.
(2) L.-E. POUCHET. *Mécanisme du filage du coton.* Rouen, 1803, brochure in-4°, p. 9.

qu'il a été produit, n'a cessé de rendre les plus grands services à la filature.

Cette romaine devint tellement utile, que chaque établissement avait la sienne ; notre maison en fournissait à toute la France. *On s'en sert partout encore aujourd'hui, mais on a oublié le nom de l'inventeur* (1)!

Beaucoup de nos pèse-lettres nouveaux ne sont même qu'une application de l'instrument de mon père.

L'*éprouvette,* destinée à remédier à l'infidélité du dévidoir, et à donner plus de précision aux transactions de la filature, est encore une invention du négociant de Rouen.

L.-E. Pouchet rendit un grand service à notre système de roulage. Chacun connaît ces longues voitures à quatre roues, pesamment chargées, qui circulent sur nos grandes routes, et dont le petit avant-train tourne sur un triangle. Tout le monde connaît ces voitures, et personne ne sait qui a inventé ce mécanisme si simple. Celui-ci est encore une conception de mon père. Et sur chacun des brancards des grandes voitures de sa ferme, la reconnaissance de l'homme des campagnes pourrait inscrire le nom d'un homme de bien (2)!

(1) Pièces justificatives. — La romaine fut présentée pour la première fois à l'Institut national le 16 thermidor an VI, et y fut l'objet d'un rapport de MM. Coulomb et Darcet.

Contrairement aux autres inventions, la *romaine,* avec le temps, au lieu de se perfectionner, a perdu de sa précision. Du temps de mon père, c'était un horloger qui en confectionnait le mouvement : sa fille amassa sa dot à ce travail ; et la graduation n'en était confiée qu'à mon frère aîné. A l'époque où le système décimal n'était pas absolument adopté, c'était même, dans nos mains, une opération savante : on mettait sur le cadran la correspondance avec les autres aunages. Dans ma jeunesse, je graduai aussi quelques-unes de ces romaines.

(2) Pièces justificatives.—Le brevet, accordé à cet effet, à L.-E. Pouchet est daté du 31 janvier 1806 et est signé par Napoléon Ier. Ce brevet est aussi mentionné dans *la Description des brevets d'invention,* t. 3, p. 27.

L.-E. Pouchet mit une ardeur infatigable à propager le système décimal; c'était l'occupation de tous ses instants. Je m'en souviens encore, la maison n'était remplie que de mètres, qu'il distribuait à tout venant. Il semblait même ne jamais vouloir se séparer du symbole de cette mesure chérie ; sa canne, qui ne le quittait pas, représentait un mètre de la plus grande perfection.

Il fut assurément l'un des hommes qui popularisèrent le plus ce système dans nos provinces. M. le comte Beugnot, longtemps après avoir abandonné l'administration de notre département, se souvenait encore du concours qu'il en obtint à cet effet (1).

Mais le système décimal, qui, aujourd'hui, nous paraît un progrès immense, ne se propageait cependant qu'avec difficulté. « La grande majorité de la nation, dit L.-E. Pouchet, dans sa *Métrologie,* désire ardemment l'uniformité des mesures, mais beaucoup de monde cependant veut le maintien de l'état actuel. »

« Les partisans de l'erreur reprochent au nouveau système le tort qu'il fera à un grand nombre d'individus qui vivent à

(1) Pièces justificatives. — Cette particularité de sa vie n'a point été oubliée par les critiques : « Ses écrits et ses inventions, lit-on dans un journal de notre époque, popularisèrent le système décimal des poids et mesures, et ses utiles travaux lui firent décerner plusieurs médailles par le gouvernement. M. Pouchet était le père du savant naturaliste que nous nous honorons de compter parmi nos concitoyens. » — *Nouvelliste de Rouen,* 14 décembre 1862.

Pouchet, par ses écrits et ses inventions, contribua beaucoup à la mise en activité du système décimal des nouveaux poids et mesures. *Biographie universelle.* Paris, 1823, t. XXXV, p. 538.

« Les écrits et les inventions de Pouchet popularisèrent le système décimal des poids et mesures, » lit-on dans la *Nouvelle biographie générale* du docteur Hoefer. Paris, 1862, t. XL, p. 910.

Il contribua par ses écrits à populariser le système décimal des poids et mesures. Ed. Frère. *Manuel du bibliographe normand.* Rouen, 1860, t. II, p. 408.

leur aise d'un très-petit commerce, par l'ignorance dans laquelle est toujours l'acheteur de la valeur des choses qui sont en dehors des dépenses journalières (1). »

Figurant au premier rang parmi les hommes instruits de notre cité, L.-E. Pouchet fut naturellement appelé à faire partie du *jury d'instruction publique*. Là, par ses lumières et les petits ouvrages classiques qu'il avait composés, il rendit encore quelques services; et ceux-ci furent mêmes assez éminents pour que l'on s'en souvînt dans les hautes régions de l'administration (2).

Enfin, en parlant des tendances scientifiques de L.-E. Pouchet, il faut aussi que je mentionne ses études, ou pour mieux dire ses fantaisies, sur les aérostats.

Mongolfier, en s'élevant dans les nuages, avait passionné toute la France; et peu de temps après l'ascension du célèbre papetier d'Annonay, tout le monde ne s'occupait que de

(1) Pièces justificatives. — L.-E. Pouchet. *Métrologie terrestre.* — Discours préliminaire, p. 6.

Voici une lettre de mon père concernant une question en litige sur les mesures ; c'est une réponse à une missive de la municipalité, et je la transcris ici pour donner une idée de la correspondance administrative d'alors :

Rouen, le 13 frimaire an VIII.

A l'administration municipale du canton de Rouen.

Citoyens administrateurs,

Par votre lettre d'hier, que je viens de recevoir, vous me demandez mon avis sur des observations du citoyen Lenormand, relativement au stère. Son observation est juste, c'est-à-dire que la hauteur du stère sur un mètre de couche pour la bûche de 26 pouces, est de $1^m,4212$.

Salut et respect. Louis-E. Pouchet.

(2) Pièces justificatives. — Lecarpentier résume ainsi la chose :

« Excellent membre du jury d'instruction publique, fonction paternelle qu'il remplissait doublement bien, et par une scrupuleuse surveillance et par les ouvrages classiques qu'il avait composés. » — Lecarpentier. *Notice nécrologique*, p. 5.

M. le comte Beugnot, dans une conversation avec l'un des membres de ma famille, rappelait aussi un jour ces services.

ballons. L'entraînement d'aujourd'hui n'est qu'une réminiscence de ce qui se passait il y a un siècle.

Mon père, qui marcha toujours en avant de son époque, tout en voyageant, ne rêvait que mongolfières et ballons ; et, comme on le fait encore en ce moment, cherchait déjà le moyen de dominer les vents et les nuages ; il rêvait une véritable navigation aérienne. J'ai trouvé dans sa bibliothèque de curieux ouvrages sur les aérostats, et dans sa correspondance des lettres fort originales, ainsi que des figures sur l'art de les diriger.

Il concevait les choses en grand, et prétendait transformer les ballons en de véritables diligences pour transporter des voyageurs au loin, de Paris à Rome. C'était à l'aide du recul de puissantes fusées qu'il prétendait imprimer le mouvement à ses grandes machines aériennes, qui étaient munies d'un beaupré, d'une voile et d'un gouvernail. Mais on reconnaît, au ton de sa correspondance, que tout ceci n'avait rien de sérieux : ainsi qu'il le confesse lui-même, il était atteint de l'épidémie de *ballomanie,* qui régnait alors.

L'INDUSTRIEL

Me voici parvenu à la partie, je ne dirai pas la plus difficile de ma mission, mais évidemment la plus délicate, car il
s'agit de débrouiller ce que l'on doit à L.-E. Pouchet, et ce
qui appartient à MM. François Richard et Guillaume Lenoir.
Cependant, comme les dates sont d'inflexibles arguments,
j'ai l'assurance qu'il ne pourra s'élever aucun doute à cet
égard, et que je porterai la conviction dans tous les esprits.

Je regrette seulement qu'emportés par l'admiration légitime que méritent ces deux hommes, qui ont rendu d'éminents
services à l'industrie, certains panégyristes leur aient attribué ce qu'ils n'ont nullement fait, et même ce qui, longtemps
avant eux, était déjà réalisé.

C'est à cette imprudente ovation que je dois aujourd'hui
de sortir du silence que je m'étais imposé.

Dans leur enthousiasme pour François Richard et
Guillaume Lenoir, quelques personnes les ont présentés
*comme les créateurs de la filature et du tissage à la méca-
nique* (1).

(1) Pièces justificatives. — Un des membres de la Société d'Agri-

C'est là une double erreur.

En quelques lignes, Napoléon III, avec une haute sagesse, a rectifié lui-même ces assertions erronées, et tracé magistralement les titres de ces deux industriels à la reconnaissance publique :

En parlant de Richard Lenoir, « il devint, a dit l'empereur, « l'un des premiers manufacturiers de France, et fit faire « d'immenses progrès à l'industrie du coton (1). »

C'est là l'exacte vérité, et c'est elle que je vais mettre ici dans toute son évidence.

Plus tard, lors de l'inauguration de la statue du grand manufacturier, au lieu de s'inspirer de la remarquable précision qui règne dans l'auguste discours que nous venons de citer, M. Douesnel, député du Calvados, s'est lancé dans de stériles métaphores.

« François Richard, s'est-il écrié dans son allocution, « par sa rare et courageuse perspicacité, avait su dérober « à l'Angleterre le secret de la filature du coton! »

Comment l'eût-il fait, puisqu'il n'y est jamais allé? Comment a-t-il pu dérober un secret connu et répandu en France longtemps avant lui? Ces efforts passionnés, en affron-

---

culture de Caen, en 1859, au banquet qui termina le concours de Villers-Bocage, demandait qu'on érigea un marbre sur lequel on lirait :

RICHARD-LENOIR, CRÉATEUR DE LA FILATURE ET DU TISSAGE MÉCANIQUE EN FRANCE, EST NÉ A ÉPINAY-SUR-ODON, LE 16 AVRIL 1765.

Travers, p. 84.

Cette erreur, comme l'a fait remarquer M. le vicomte R. d'Estaintot, s'est aussi glissée dans le *Dictionnaire de Biographie* de MM. Bachelet et Dezobry, où, en confondant toujours les deux hommes en un seul, il est dit que Richard-Lenoir monta à Paris les premiers métiers pour le filage et le tissage du coton. — R. D'ESTAINTOT. *Recherches sur l'introduction de la Filature mécanique du coton en France.* Rouen, 1865, p. 18.

(1) Discours de l'empereur à l'inauguration du boulevard du Prince-Eugène, le 7 décembre 1862.

tant la vérité, suscitent l'austérité de la critique (1). C'est ainsi que certains écrivains sont venus articuler cette sévère protestation : « Richard-Lenoir, ont-ils dit, n'a jamais existé ! » (*Mémorial d'Amiens* et *Journal de Rouen,* août 1865.)

Aujourd'hui, je dis : François Richard et Guillaume Lenoir n'ont jamais été ni *importateurs* ni *perfectionneurs* (2). Ce furent seulement de grands industriels, et à ce titre ils méritent nos hommages : avant tous, ceux qui nourrissent le peuple.

Loin de moi la prétention de ravir une parcelle de gloire à MM. Richard et Lenoir : je suis l'un de leurs admirateurs. Mais si je m'associe aux légitimes hommages qu'on leur rend, le respect que je porte à la mémoire de mon digne et savant père me prescrit impérieusement de revendiquer ses titres à la reconnaissance publique ; c'est là un pieux devoir.

Il ne faut que jeter un coup d'œil sur l'histoire de la filature en France, pour démontrer que c'est à tort qu'on a présenté MM. Richard et Lenoir comme ayant été les créateurs de l'industrie cotonnière. Les écrits de mon père prouvent que celle-ci s'était implantée sur notre sol longtemps avant ces deux industriels ; ils n'ont fait que lui donner une vaste

(1) Comment dire de telles choses ? Richard n'avait pas trois ans quand ce secret était déjà en partie connu en France ; et il sortait à peine de son pays qu'on l'y connaissait tout-à-fait ; les deux machines à filer étaient introduites.

(2) M. Douesnel aurait dû savoir que, longtemps avant les grands manufacturiers du faubourg Saint-Antoine, l'industrie cotonnière, en France, a été exclusivement créée et concentrée en Normandie, surtout à Rouen, alors que Mulhouse n'était pas encore une ville française. M. R. d'Estaintot a parfaitement démontré ce fait dans son remarquable écrit sur l'introduction de la filature mécanique dans nos contrées. Ce fut John Holker qui y importa en 1752 les premières machines anglaises. (*Nouvelliste de Rouen,* 1864, 27 juillet.) Mais ces machines n'ont pu être ni les *continus,* ni les *jenny-mull,* puisque ceux-ci ne furent inventés en Angleterre qu'en 1767 et 1768.

extension, et n'en ont nullement perfectionné les instruments (1).

C'est même absolument en Normandie qu'il faut chercher le berceau de la filature ; dans cette industrie, elle a précédé l'Alsace. Les métiers s'y installèrent peu à peu et y firent d'abord une difficile concurrence au rustique rouet; puis ils le remplacèrent définitivement; alors se créèrent les premiers ateliers à Louviers, à Rouen et à Caen. Les écrits de mon père, produits au moment même où se réalise ce progrès, établissent le fait clairement. En 1802, les environs de Rouen possédaient déjà des filatures de 5 à 6,000 broches, ce qui était considérable pour le temps (2).

C'est ici le lieu de noter que, par rapport à l'histoire de la filature, tous les écrivains sérieux sont d'accord sur le lieu où elle a pris naissance, la Haute-Normandie (3). Mais quelques-uns commettent une grande erreur par rapport à la date de l'introduction des métiers à filer. En effet, ces derniers confondent de simples rouets monstres, que l'on nommait mécaniques, avec les machines employées aujourd'hui dans nos ateliers ; de façon qu'ils en font remonter l'introduction à une époque antérieure à leur invention ! C'est cet anachronisme qui a souvent été la cause des errements sur ce sujet.

(1) Pièces justificatives. — Mon père, dans l'un de ses ouvrages sur l'industrie cotonnière, publié en 1788, parle déjà de nos filatures et des jenny-mull, et dit qu'il y en avait en France plus de vingt ans avant la publication de son livre, c'est-à-dire à une époque à laquelle Richard était à peine né. L.-E. Pouchet. *Traité de la fabrication des étoffes.* Paris, 1788, p. 50.

(2) Pièces justificatives. — Ce dernier fait m'a été communiqué par l'un des hommes dont l'autorité a le plus de valeur dans tout ce qui concerne l'industrie, par M. Henry Barbet, ancien maire de Rouen, député. Cette filature avait été créée à Déville par un Anglais, M. Rawle.

(3) Vicomte d'Estaintot. *Recherches sur l'introduction de la filature mécanique du coton,* 1865.

L'invention des premières machines à filer, les *jenny-mull,* est de récente date ; elle ne remonte qu'à 1767. On la doit à un modeste ouvrier charpentier anglais, du nom de Hargraves. Ses premiers essais furent malheureux. Des ouvriers aveuglés brûlèrent ses mécaniques, craignant qu'elles ne leur enlevassent le travail. Après, on lui contesta sa découverte ; puis, réduit à la misère et ne pouvant faire valoir ses droits, il mourut oublié dans une maison de détention (1).

Les *métiers continus* furent aussi inventés en Angleterre une année après, en 1768. On les doit à un simple barbier de village, nommé Arkwright, que la Grande-Bretagne ennoblit, et qui mourut baronet en laissant une fortune de douze millions.

Ce furent ces mécaniques d'Arkwright qui devinrent l'objet des constants travaux de mon père, et dont il fit une étude si approfondie durant ses voyages en Angleterre, Et ce furent elles aussi dont il importa en France les dessins et les modèles, et que toute sa vie il travailla à perfectionner diversement (2).

(1) Ce ne fut que cinquante ans après la mort du malheureux Hargraves, qu'un écrivain de la *Revue d'Edimbourg* révéla à l'Angleterre quel. était le nom et les infortunes de celui qui avait semé tant de richesses sur le sol de la Grande-Bretagne.

(2) Pièces justificatives. — Tout est clair dans la vie de L.-E. Pouchet ; chacun de ses actes peut être accompagné de preuves écrites à des dates précises. Son voyage en Angleterre a un but incontestablement dessiné ; il veut en conquérir le monopole, au profit de la France. Il s'explique nettement à ce sujet :

« Cependant, dit-il, comme j'avais vu nos voyageurs rivaliser avec ceux d'Angleterre en Espagne et en Italie, sur beaucoup de genres d'étoffes, et même l'emporter sur plusieurs, je pensai qu'à plus forte raison on pourrait soutenir cette concurrence en France, où nous avions sur nos rivaux un avantage de 15 à 20 0/0 qu'il en coûte pour les frais d'importation. Je me déterminai à passer en Angleterre au mois d'octobre dernier, afin de juger de la réalité des avantages réciproques des deux nations. » — L.-E. Pouchet. *Traité sur la fabrication des étoffes,* p. 79.

C'est là ce qu'on ne peut contester à L.-E. Pouchet.

Le sort de l'industriel normand a quelque analogie avec celui du célèbre charpentier anglais. Il a aussi traversé toutes les tristes épreuves qui sont l'apanage des novateurs ; d'autres ont récolté les fruits (1).

Mais si l'oubli a enveloppé les utiles travaux du savant normand, c'est qu'il lui a manqué l'ardente spontanéité des Anglais ou quelque illustre patronage, car la presse, je dois lui en réitérer ma reconnaissance, n'a jamais, à son égard, failli à sa plus noble mission, la défense du juste et du vrai. Depuis longues années nos biographes et nos publicistes ont, sans réserve, sans hésitation, fait la part de mon père.

Tous ont été unanimes pour dire que « personne plus que Pouchet ne contribua en France à faire prévaloir le système de la filature à la mécanique, » et que ce fut à lui que l'on dût l'une de ses principales machines (2).

(1) PIÈCES JUSTIFICATIVES. — Dignement enrichi par le travail et ennobli par lui, M. Levavasseur père, que je rencontrai un jour, dans ma jeunesse, me disait spontanément, et il était meilleur juge que personne, lui qui avait assisté à tout le développement de notre industrie, « que la filature avait considérablement de reconnaissance à mon père, et qu'on lui devait l'un des principaux éléments de la fortune de notre ville. »

(2) PIÈCES JUSTIFICATIVES. — Voici des extraits de diverses biographies sur L.-E. Pouchet :

« Il voyagea en Espagne, en Italie et surtout en Angleterre, où il ne négligea rien pour découvrir les procédés qui ont élevé à un si haut point de prospérité les manufactures de cette contrée. Personne ne contribua plus en France à faire prévaloir le système de la filature à la mécanique ; et c'est sur les modèles observés par lui à Manchester que fut perfectionné l'établissement de la filature de Louviers. » *Biographie universelle ancienne et moderne*. Paris, 1823, t. 35, p. 538.

« Personne n'a plus que Pouchet contribué à faire prévaloir le système de la filature du coton à la mécanique. » GUILBERT. *Mémoires biographiques*. Rouen, 1812, t. II, p. 270.

« Pouchet passa en Angleterre, où il s'arrêta longtemps dans les provinces manufacturières de ce pays, et surtout à Manchester, où il saisit, en habile observateur, tout ce qui a rapport à la fabrique et à la méca-

A chacun son devoir. Aujourd'hui les événements ont impérieusement tracé le mien.

Cependant, malgré l'introduction en France des deux espèces de machines à filer, les *jenny-mull* et les *continus*, le rouet s'entremêlait encore avec les mécaniques. L.-E. Pouchet rapporte lui-même qu'en 1800, dans ses ateliers du dépôt de mendicité de Rouen, il occupait encore cent fileuses au rouet. Ce fut seulement alors qu'il les remplaça totalement par des machines exécutées sur le modèle de celles d'Arkwright, mais réduites à douze broches, et qui n'occupaient guère plus de place que le rustique instrument de nos campagnes. Là le succès répondit à son attente et lui mérita de flatteurs encouragements de la part du gouvernement (1).

L.-E. Pouchet, en réduisant les machines d'Arkwright à de moindres proportions, avait été dominé par une idée philanthropique. Il espérait que ses petites mécaniques, qui n'occupaient guère plus de place qu'un rouet, et dont une femme apprenait à se servir beaucoup plus facilement que

nique. Puis, il revint dans sa patrie avec une ample collection de modèles et de manuscrits, fruits de ses observations. » Lecarpentier, *Notice nécrologique,* p. 3.

« Pouchet sentit de bonne heure ce qui manquait aux fabriques françaises, et employa toutes les ressources de son esprit inventif pour les élever à la perfection dont s'enorgueillissait l'Angleterre. Il profita de ses voyages en ce dernier pays, en Espagne et en Italie pour étudier les procédés de fabrication ; et frappé des avantages nombreux de la machine d'Arkwright pour le filage du coton, il l'importa en France, mais en y faisant diverses modifications qui la perfectionnèrent au point de tripler le produit du travail. » F. Hoefer, *Nouvelle biographie générale.* Paris, 1862, t. XL, p. 910.

(1) Pièces justicatives. — Le ministre de l'intérieur et le préfet du département de la Seine Inférieure, auxquels je communiquai mon projet, dit L.-E. Pouchet, y applaudirent, et j'en reçus toutes les facilités et les encouragements que peuvent donner des magistrats éclairés. L.-E. Pouchet, *Le Mécanisme du filage du coton,* in-4°, p. 6.

de ce dernier, se propageraient au foyer de toutes nos fermes et y remplaceraient l'instrument primitif. Mais ses tentatives furent vaines, et ses petits métiers, qui fonctionnaient bien à Bicêtre, ne prirent point dans les campagnes ; la routine l'emporta.

Immédiatement désillusionné, mon père changea de système et prit une direction opposée. Il avait appliqué toutes les ressources de son intelligence à restreindre les proportions des métiers du baronet anglais ; désormais il voulut déborder son invention et construisit des continus portant beaucoup plus de broches que les siens.

Bientôt ses continus de 12 broches furent remplacés par des machines qui en avaient 32, et dont le produit montrait déjà une grande supériorité. En effet, une femme, avec chacune d'elles, donnait par jour 60,000 aunes de fil, tandis que la journée d'une bonne fileuse au rouet n'en produisait qu'environ 1,600 (1).

Mais si, dominé par une idée préconçue, L.-E. Pouchet avait amoindri les continus d'Arkwright pour les introduire dans les campagnes, il sentit qu'il fallait, au contraire, en augmenter l'étendue pour la production manufacturière. Ce fut alors qu'il inventa les grands continus à 200 broches, qui parurent si merveilleux lorsqu'on les vit pour la première fois, car alors ceux du célèbre perruquier anglais n'en avaient que 60.

Et je me souviens encore que le premier de ces grands continus, qui fonctionnait à Bicêtre, tourné par une femme, était visité, avec une certaine curiosité, par les constructeurs d'alors.

L.-E. Pouchet était bien possesseur d'un brevet en forme, mais, tenant plutôt à l'honneur de l'invention qu'aux béné-

(1) L.-E. Pouchet. *Le Mécanisme du filage du coton*, p. 5-6.

fices qu'elle pouvait rapporter, tout le monde en France put s'emparer de sa machine perfectionnée, et on le fit rapidement ; il le révèle lui-même lorsqu'il réclame son titre (1). Peu d'années après sa mort, déjà les filatures de Saint-Quent i et toutes les autres en étaient peuplées.

Cette conquête industrielle appartient si bien à mon père, et il en est si évidemment l'auteur, qu'à la face de tout le monde, il l'appelle *son système de filature*. Si sa prétention n'eût pas été légitime, il n'eût jamais alors eu l'audace d'imprimer une telle phrase ; tout le monde se fût révolté contre lui.

Ce fut là le progrès, le grand progrès que L.-E. Pouchet fit faire à la filature (2).

On le voit, L.-E. Pouchet ne s'arrête jamais ; il perfectionne tout et n'a qu'un but : *être utile*. Nous l'avons vu : là, il veut disséminer le travail dans toutes les habitations du pauvre, et confectionne de petites machines appropriées à cet effet ; ailleurs, il peuple les manufactures des plus grands métiers qui soient encore connus. Aussi, dans l'un de ses ouvrages, peut-il s'écrier avec un légitime sentiment d'orgueil : « *Mon* « *système de filature,* mis à la portée des petits comme des « grands entrepreneurs, et affranchi des liens qui le rete-

(1) Pièces justicatives.— Voici ce qu'on lit sur son brevet ; c'est un fragment de sa pétition : « Le grand nombre de machines qui ont été construites, et que l'on continue encore de construire, suivant *mon* système, ne laissent aucun doute sur sa bonté... » *Brevet du 3 pluviôse an XII.* Tout le monde a donc pu prendre et a pris son système !

(2) Pièces justicatives. — Un des plus notables perfectionnements que L.-E. Pouchet ajouta à ses grands continus de 200 broches, fut de disposer celles-ci sur plusieurs étages, ce qui diminuait beaucoup les dimensions des métiers et facilitait le *rattachage* des fils qui, sans cela, était entravé et presque impossible.

Pour ce perfectionnement, qui fut immédiatement adopté partout, mon père obtint un brevet d'invention qui porte la date du 3 *pluviôse an XII.*

« naient exclusivement dans les mains de ces derniers, doit
« naturellement prendre un essor qui mette les manufactures
« d'Angleterre dans l'impossibilité de soutenir en France,
« non plus qu'à l'étranger, la concurrence que nous pour-
« rions leur opposer au moyen du perfectionnement des arts
« et de la supériorité de population que nous avons sur
« elle (1). »

Ainsi, non-seulement L.-E. Pouchet avait doté la France
des mécaniques à filer du système d'Arkwright, mais encore
il leur avait ajouté d'importants perfectionnements.

Tout ceci ne peut être contesté au novateur rouennais (2).

Mais après avoir esquissé ce qu'a fait L.-E. Pouchet, tra-
çons actuellement, parallèlement, l'effort postérieur de
François Richard et de Guillaume Lenoir.

C'était par ses voyages à l'étranger, glanant dans toutes
les villes manufacturières qu'il traversait, que L.-E. Pouchet
préludait à ses découvertes. Les dates prouvent inflexible-
ment que pendant qu'il était à Manchester, étudiant
la filature, ou qu'à Louviers il s'occupait de celle-ci dans le

(1) L.-E. Pouchet. *Le Mécanisme du filage du coton.* Rouen, p. 12.

(2) Pièces justicatives. — Dans le brevet d'invention accordé à
L.-E. Pouchet pour le perfectionnement des machines à filer, le 3 pluviôse an XII, voici comment celui-ci expose ses droits incontestables :

« La médaille d'or que j'ai obtenue l'an X, pour avoir perfectionné les
machines à filer le coton d'après le système de M. Arkwright, et le grand
nombre de machines qui ont été construites et que l'on continue de
construire suivant *mon système,* ne laissent aucun doute sur sa bonté. Et
je viens d'y ajouter un perfectionnement qui me paraît de nature à le
faire adopter de préférence à tout autre. »

Par décret de l'empereur à la date du 31 janvier 1806, L.-E. Pouchet
est encore breveté pour le perfectionnement qu'il ajoute aux machines
à filer.

Consulter pour les brevets obtenus par L.-E. Pouchet : Christian.
Description des machines et procédés spécifiés dans les brevets d'invention.
Paris, 1820, p. 27, pl. 13, pour le système d'étagement des broches des
continus.

grand établissement qu'on y avait créé, François Richard venait à peine de sortir de son pays (1).

Dès 1788, L.-E. Pouchet avait déjà fait plusieurs voyages à Manchester, et ce fut au retour de l'un d'eux qu'il introduisit en France les métiers continus. Déjà aussi, soit par ses écrits, soit par les perfectionnements qu'il ajouta aux mécaniques, soit par celles qu'il confectionna et dissémina de tous côtés, il donnait une vive impulsion à la filature (2).

Les biographes de François Richard nous le montrent encore, en 1789, luttant péniblement avec les revers de la fortune, et ne s'étant jamais occupé que de trafics qui n'avaient aucun rapport avec la filature ou la fabrication des étoffes (3).

Ce ne fut même que beaucoup plus tard que Richard devint industriel.

Dès 1796, L.-E. Pouchet, par son industrieuse activité, avait couvert la Normandie de métiers continus et de jenny-mull qu'il construisait dans ses ateliers (4).

En 1796, François Richard habite un magasin, rue Mon-

(1) Pièces justificatives.—Les biographies de ces deux hommes utiles prouvent tout ce que j'annonce ici.

En 1788, L.-E Pouchet faisait son dernier voyage à Manchester, et peu de temps après introduisait et perfectionnait les continus, et était à la tête de la filature de Louviers.

Richard n'apparaît que longtemps après sur la scène de l'industrie, ainsi que le démontre le rapport parfaitement étudié, fait par M. Dutuit au conseil municipal de Rouen, le 15 mai 1864.

(2) Pièces Justificatives. — *Traité de la fabrication des étoffes*. Paris et Rouen, 1788, in-8º.

(3) François Richard avait alors vingt-quatre ans, L.-E Pouchet quarante-trois.

(4) Voici ce qu'on lit à ce sujet dans une lettre à son frère, M. Pouchet de Caen : « Vous m'auriez fait plaisir de m'accuser la réception de votre mécanique et de me dire si vous en êtes content. » Dans une autre, datée de Rouen, 16 prairial an IV (1796), il lui dit : « J'applaudis beaucoup à l'idée que vous avez de multiplier les jennys dans les cantons de votre voisinage. »

torgueil, où il reconstitue sa petite fortune, perdue au milieu de diverses spéculations, et ne s'occupe encore nullement de la filature.

Les dates parlent ici avec une irréfragable évidence.

Les apologistes de François Richard, et ce ne peut être suspect, nous le représentent comme ne s'étant même nullement occupé d'industrie jusque vers 1800 (1).

Ainsi donc, la confrontation des dates établit rationnellement, irrévocablement, que tout ce que certaines personnes ont attribué à François Richard n'est et ne peut être qu'une pure fiction.

Ce fut seulement alors, qu'après s'être associé avec Guillaume Lenoir, il créa de grands établissements de filature et de tissage (2).

Mais, s'il en était encore utile, on pourrait voir les deux situations se dessiner officiellement et manifestement à l'exposition de 1802.

A cette exposition de 1802, L.-E. Pouchet conquérait la plus belle des palmes et montrait toute la supériorité de sa filature de coton. Comme nous l'avons vu, il y avait apporté du coton du n° 100, ce qui alors était un fait capital, et il y remportait la grande médaille d'or. On n'en décernait que vingt ; alors cette distinction était la plus élevée de l'exposition, la Légion-d'Honneur n'ayant pas encore été créée.

A cette même exposition, MM. Richard et Lenoir obtien-

---

(1) Pièces justificatives. — M. le sénateur Lefebvre-Duruflé, dans son discours, qui se fait remarquer à la fois par la justesse des vues et par la grandeur de la pensée, ne s'est nullement laissé entraîner au delà de la vérité, comme l'a fait M. Douesnel, dont, à dix minutes de distance, il renversait toute l'argumentation. *Moniteur du Calvados,* 30 août 1865.

(2) Ce fut après le 9 thermidor 1794 que M. Guillaume Lenoir-Dufrène, qui était officier dans les armées de la République, revint à Paris et s'associa à François Richard. Ils avaient, en 1800, de grands magasins rue Montorgueil.

nent exactement la même récompense, la grande médaille d'or ; mais elle ne leur est décernée que pour la fabrication de leurs basins et de leurs cotonnades, et non pour la filature (1).

Ainsi là il ne peut encore y avoir de doute ; les pièces officielles parlent.

Jamais on ne voit sur la scène industrielle MM. Richard et Lenoir apparaître comme ayant perfectionné la filature ; ce sont seulement de grands manufacturiers ; c'est leur plus magnifique titre.

Lorsque le comité qui s'occupait de faire ériger une statue à François Richard, s'adressa aux diverses corporations de Rouen pour solliciter leur souscription, je fus heureux de voir qu'au sein de celles-ci on n'avait nullement oublié les services de mon père ; et que quelques-uns de leurs membres avaient éloquemment soutenu ses droits à la reconnaissance publique.

Dans le conseil municipal, M. Verdrel, maire de Rouen, tout en rendant justice aux éminents services de F. Richard, tint à honneur que, dans cette ville qu'il administre avec tant d'éclat, on n'oubliât pas non plus la large part que l'un de ses citoyens a prise au progrès de l'industrie qui forme sa principale richesse. La délibération motivée du conseil, pleine de sagesse, sauvegarde les droits de chacun (2).

(1) Pièces justificatives. — Voyez : Séance du conseil municipal de Rouen, du 13 mai 1864. Rapport de M. Dutuit sur l'érection d'une statue à Richard-Lenoir.

Voyez aussi : Stéphane Flachat. *L'Industrie.* Paris, 1834. Dans ce livre, où l'auteur énumère l'historique de toutes les expositions, on lit, page 20, qu'à l'exposition de 1802, L.-E. Pouchet, de Rouen, obtint une des vingt-deux médailles d'or, *pour la filature du coton ;* et que Richard et Lenoir en obtinrent une pour leurs cotonnades.

(2) Pièces justificatives. — Délibération du conseil municipal : « Considérant que Richard-Lenoir a rendu les plus grands services à son pays en développant en France l'industrie cotonnière, dont il peut être regardé comme l'un des fondateurs, et sans prétendre en rien diminuer la juste

L'opinion publique, et les plus éminents organes de la presse locale furent unanimes pour applaudir à cette décision, qui conservait à l'un de nos concitoyens la plénitude de son œuvre, en léguant à l'avenir le soin d'un équitable jugement (1).

La reconnaissance me fait aussi un devoir de rappeler que

reconnaissance que l'on doit avoir pour M. Ezéchias Pouchet, qui, le premier, a importé d'Angleterre dans notre pays plusieurs machines propres à filer le coton, et qui a précédé de plusieurs années Richard-Lenoir dans la carrière industrielle, etc... »

(1) PIÈCES JUSTIFICATIVES.— Voici textuellement comment s'expriment les journaux de Rouen :

« En votant cette souscription, le conseil municipal n'a pas oublié qu'un autre Normand, M. Ezéchias Pouchet, né dans la Seine-Inférieure, père de notre savant naturaliste, avait des droits semblables à la reconnaissance de l'industrie cotonnière ; qu'il importa le premier en France la machine d'Arkwright ; qu'il ne cessa de perfectionner les machines à filer le coton, et qu'on lui doit l'invention de la romaine employée à le peser ; qu'enfin, si à l'exposition de 1802 Richard Lenoir obtint la grande médaille d'or comme fabricant de cotonnades, la même récompense fut décernée à Ezéchias Pouchet, comme filateur de coton. » — *Journal de Rouen*, 15 mai 1864.

« Nous constatons avec plaisir que le conseil municipal, en souscrivant pour l'érection d'une statue à Richard-Lenoir a maintenu à notre compatriote M. Ezéchias Pouchet, père du savant naturaliste que notre cité s'honore de compter parmi ses enfants, le mérite d'avoir importé en France les métiers continus (machines d'Arkwright), de les avoir notablement perfectionnés, et d'avoir donné une grande impulsion à la filature, soit par ses écrits, soit en construisant des machines et en les répandant dans notre contrée.

« Né en 1748, à Gruchet, et de dix-sept ans plus âgé que Richard-Lenoir, Pouchet, lorsque Lenoir quittait à peine son village, avait fait deux voyages en Angleterre, en avait rapporté des dessins et des modèles des machines citées plus haut. Avant même que Richard eût paru sur la scène industrielle, les rapports officiels constatent que Pouchet, depuis 1786, n'avait cessé de perfectionner les métiers à filer le coton, et dès 1788, faisait paraître, sur la fabrication des étoffes, un traité que la presse accueillait avec les plus grands éloges.

« A l'exposition de 1802, Pouchet et Richard et Noir (c'était leur raison

déjà, à une autre époque, dans le sein du conseil municipal, on avait rendu un bienveillant hommage à la mémoire de mon père. Lors de la cérémonie de l'inauguration du chemin de fer de Paris, l'un de nos anciens manufacturiers, M. Lelong, alors adjoint au maire, qui avait été témoin du mouvement imprimé à l'industrie par L.-E. Pouchet, demanda spontanément que son nom fût inscrit sur les bannières qui devaient rappeler le souvenir des hommes dont notre cité se glorifie.

Dans la lettre qui faisait un appel à la ville de Rouen pour l'érection de la statue de François Richard, celui-ci était désigné comme le *créateur de l'industrie cotonnière* en France (1).

Mais cette erreur capitale a été réfutée, avec beaucoup de talent, dans le rapport circonstancié de M. Dutuit, où celui-ci distribue équitablement à chacun sa part de cette œuvre impor-

---

sociale) obtenaient les mêmes honneurs, une médaille d'or ; mais Pouchet comme filateur, et Richard et Noir comme fabricants de cotonnades.

« Enfin Pouchet porta à 200 broches les continus anglais qui n'en avaient que 60, et on lui doit l'invention de la romaine à classer les cotons, et quelques autres inventions qui furent l'objet de rapports très-favorables de Laplace, Haüy, Borda, Hallé et Coulomb. A tous ces titres, c'est un devoir pour la ville de Rouen de restituer à notre compatriote, dans les fastes de l'industrie, une gloire que son fils, le docteur Pouchet, a si dignement continuée dans la science. » — *Nouvelliste de Rouen*, 15 mai 1864.

(1) Pièces justificatives. — Le savant secrétaire de la commission chargée d'ériger une statue à Richard-Lenoir s'exprime ainsi :

« Monsieur le Maire,

« Permettez-moi de vous remercier de vos sympathies pour l'œuvre « que nous avons entreprise dans le département du Calvados, afin de « perpétuer la mémoire de l'homme qui a été *le créateur de l'industrie* « *cotonnière,* etc , etc. »

C'est là une erreur capitale et qui a été réfutée par toutes les personnes qui, récemment, ont étudié sérieusement la question. Nous avons démontré par des chiffres que cette industrie était créée avant la naissance de François Richard.

tante, et revendique les titres qu'a mon père à l'introduction et au perfectionnement des machines à filer (1).

Lorsque la Chambre de Commerce de Rouen souscrivit pour l'érection de la statue de F. Richard, avec ce profond discernement qu'on était en droit d'attendre d'une telle compagnie, elle ne le représenta que comme l'un des plus grands manufacturiers de France, sans oublier les services que l'industrie cotonnière dût à L.-E. Pouchet (2).

Les services de celui-ci furent tout aussi bien appréciés par la Société d'Emulation. Si son ancien membre s'honorait

(1) Pièces justificatives. —Voici comment s'exprime M. Dutuit, dans son rapport au conseil municipal, séance du 13 mai 1864 :

« Le juste tribut d'éloges que nous devons payer à Richard et Lenoir-Dufresne pour la grande impulsion qu'ils ont donnée à l'industrie cotonnière, ne peut cependant pas nous les faire regarder comme les créateurs de cette industrie, comme l'avance M. le secrétaire de la commission pour l'érection d'une statue à Richard-Lenoir.

« Cette gloire, messieurs, nous paraît, avec plus de raison, être revendiquée par M. Ezéchias Pouchet, né dans notre département et père de notre savant naturaliste. Ce fut lui qui, le premier, importa en France la machine d'Arkwright. Il est constaté que, depuis 1786, il n'avait pas cessé de perfectionner les machines à filer le coton. Il porta à 200 broches les continus anglais qui n'en avaient que 60 ; on lui doit aussi l'invention de la romaine à peser les cotons...

« A l'exposition de 1802, Richard et Lenoir obtinrent la grande médaille d'or, comme fabricants de cotonnades, tandis que notre compatriote M. Pouchet était honoré de la même grande médaille d'or, comme filateur. »

(2) Pièces justificatives.—« En émettant ce vote, vous vous plûtes « à constater qu'une autre famille normande, celle de L.-E. Pouchet, « avait, à la même époque, également contribué à faire progresser l'in- « dustrie cotonnière dans nos contrées. L'un des membres de cette « famille, M. Louis-Ezéchias Pouchet, recevait à l'exposition industrielle « de 1802 la médaille d'or comme filateur, en même temps que Richard « recevait la même récompense comme fabricant de tissus de tout « genre. » *Exposé des travaux de la Chambre de Commerce de Rouen,* année 1864, p. 19.

de lui appartenir, celle-ci a montré qu'elle n'avait pas oublié son passage au milieu d'elle.

Dans un rapport présenté à cette compagnie savante par M. le vicomte d'Estaintot, celui-ci, en homme de cœur, revendique pour la Normandie l'honneur d'avoir été le berceau de la filature du coton, et il est absolument dans le vrai. Puis, dans une consciencieuse histoire de cet art, tracée avec un remarquable talent, il n'est pas moins explicite relativement aux services rendus par L.-E. Pouchet à l'industrie rouennaise ; et non-seulement il lui attribue une part dans l'importation des métiers anglais, mais encore dans leur dispersion sur une large échelle, au milieu de notre province industrielle (1).

Enfin, nous pouvons dire que si tant et tant d'assertions accumulées, tant et tant de dates comparées n'établissaient évidemment l'antériorité des droits de mon père sur ceux de MM. Richard et Lenoir, un seul fait suffirait pour la rendre incontestable ; c'est le suivant :

Tout le monde sait que la filature de Louviers fut certainement la première que l'on éleva en France. Or, cette filature fut construite sur un cours d'eau appartenant à la

----

(1) Pièce justificatives.—L.-E. Pouchet, dit M. d'Estaintot, contribua à l'importation des métiers anglais ; il fut associé activement, pour la partie mécanique, au premier grand établissement industriel de ce genre fondé par Alexandre de Fontenay ; plus tard il perfectionna les métiers d'Arkwright, il les mobilisa pour ainsi dire, il conçut le principe de l'étagement des broches, et ses métiers, répandus sur une large échelle dans notre province, accélérèrent les progrès qu'y fit l'industrie cotonnière ; ces titres sont certains, ils sont antérieurs à ceux que l'on prête à Richard-Lenoir, qui n'en a pas besoin, et si l'on veut examiner de près les droits de ce dernier, nul ne lui contestera celui de grand manufacturier, mais on sera fondé à lui dénier celui de créateur en France de la filature mécanique du coton. Nous revendiquons pour notre province une antériorité bien constatée. Vicomte R. d'Estaintot. *Recherches sur l'introduction de la filature mécanique du coton dans la Haute-Normandie.* Rouen, 1865, p. 24.

couronne, et que Louis XVI, pour témoigner tout l'intérêt qu'il portait à l'industrie nouvelle, abandonna à ses créateurs MM. de Fontenay et L.-E. Pouchet, qui étaient associés. Ce ne fut que bien après eux qu'apparurent sur la scène industrielle MM. F. Richard et G. Lenoir; car ce n'est que sous le Consulat et l'Empire qu'ils élèvent leurs grands établissements et commencent à s'occuper de filature.

Tout est donc, à la rigueur, dans cette courte et dernière citation.

EPILOGUE

Cependant, quels que soient les titres de mon père, L.-E.
Pouchet, je ne demande absolument rien pour lui ; et, je le
répète, je n'espère rien en ce moment.

L'instant n'a pas encore sonné.

Mais, en France, nos idées, aussi mobiles que les flots qui
se déroulent à mes pieds, se modifient et se transforment à
toute heure ; et un jour viendra, où tout justement parce que
l'on a élevé un monument à François Richard, on voudra
impérieusement qu'il en soit coulé un autre pour Guillaume
Lenoir ; ce sera le jour de la justice.

Au même moment, car celui-ci sera aussi arrivé, on pen-
sera que la mémoire de L.-E. Pouchet ne doit pas passer
absolument inaperçue au milieu de la cité à l'industrie de
laquelle il a donné une si vive impulsion, et dans ces vallées
qui l'environnent, où il a préparé tant d'éléments de travail
et de prospérité.

Deux hommes de génie ont porté le nom de Bacon :

L'un, Roger Bacon, le grand inventeur, dont presque toute
la vie se passa au milieu des cachots et des persécutions...

L'autre, F. Bacon, le philosophe, qui écrivait sur les marches d'un trône, au milieu d'une cour brillante.

Pour le vulgaire, le chancelier de la reine Elisabeth a absorbé toute la gloire du pauvre moine.

Dans un autre ordre de faits, il y a eu aussi plusieurs hommes qui ont contribué puissamment à l'extension de notre industrie.

L'un, L.-E. Pouchet, l'ingénieux inventeur ; les autres, Richard et Lenoir, les grands manufacturiers.

Chacun a eu sa noble part dans cet ample mouvement industriel. Chacun peut se contenter de sa légitime renommée sans accaparer celle des autres.

Dans l'industrie, comme dans les sciences, ce ne sont pas les hommes qui opèrent les premières et infructueuses tentatives que l'on considère comme des novateurs; mais ce sont ceux qui en rassemblent les éléments épars, les vivifient, et en dérivent un corps de doctrine ou d'importantes applications.

Sous ce rapport, il me semble que L.-E. Pouchet a de grands titres à la reconnaissance nationale, et qu'on peut le considérer, plus que personne au moins, comme le véritable créateur de l'industrie cotonnière. C'est lui qui en importe les principales machines ; c'est lui qui les perfectionne ; enfin, c'est encore lui qui, longtemps avant les autres, développe la filature et s'efforce d'en ravir le monopole à l'Angleterre. Ses œuvres l'attestent à chaque page.

Ceux qui le suivirent montèrent de plus vastes établissements; mais la gloire du novateur, celle de l'homme qui devint le point initial du progrès, n'en revient pas moins au négociant rouennais.

Pas plus que ses compétiteurs, il n'importa la filature en France; elle y existait cinquante ans avant eux, ignorée et

languissante, se débattant à grand'peine contre la concurrence du rouet.

Mais mon père lui donna, et c'est ce qu'on ne peut lui
contester, une vive impulsion ; et ce fut aussi lui dont le
patriotisme conçut l'idée d'affranchir son pays du tribut à
l'étranger (1).

En inaugurant le boulevard du Prince-Eugène, en 1862,
l'Empereur prononçait ces belles paroles :

« Les noms à inscrire sur le marbre ne doivent pas être le
« privilége exclusif de ma famille. Ce privilége appartient à
« tous ceux qui ont rendu des services au pays ! »

Ces généreuses pensées s'harmonisent merveilleusement
avec le sentiment national.

La France, en élevant aujourd'hui tant de statues à ses savants et à ses hommes utiles, montre que le blason qui fertilise
le pays n'est pas moins honoré que celui qui le défend (2).

L'ère nouvelle dans laquelle nous entrons nous fait espérer
une plus équitable répartition de la reconnaissance publique.

Napoléon Ier honora splendidement tous les savants qui
rehaussèrent l'éclat de son règne.

La Restauration continua l'œuvre.

Citerai-je toutes ces couronnes de comte ou de baron
dont on a ceint le front des Cuvier, des Laplace, des
Lacépède, des Monge, des Berthollet, des Chaptal, des
Dubois, des Larrey, des Fourcroy, des Thénard, et de tant
d'autres !

L'industrie eut aussi son aristocratie. Si l'Angleterre élevait
à la dignité de baronet le modeste créateur de la filature,
Louis XVI accordait des lettres de noblesse à Holker qui

______

(1) *Traité de la fabrication des étoffes*, p. 92.

(2) On a érigé récemment des statues à Buffon, Daubenton, Laplace,
Geoffroy-Saint-Hilaire, Cuvier, Riquet, Larrey, Arago, Braconnot,
Thénard, etc.

avait tant fait progresser nos manufactures ; et, plus tard, Napoléon faisait un acte de profond politique en créant barons quelques-uns de nos grands manufacturiers.

Espérons que l'on ne s'arrêtera pas dans une si magistrale voie, et que les sciences, les lettres et les arts auront aussi leur noblesse, la plus impérissable de toutes. Les noms glorieux des Newton, des Galilée, des Leibniz, des Raphaël, des Corneille, des Molière, étalent plus de splendeurs durables sur les Etats, que les éphémères services de tant d'hommes politiques, si fastueusement récompensés par quelques souverains !

Au Tréport, le 25 septembre 1865.

F.-A. POUCHET.

www.ingramcontent.com/pod-product-compliance
Lightning Source LLC
Chambersburg PA
CBHW061759050726
47598CB00002B/801